我们一起解决问题

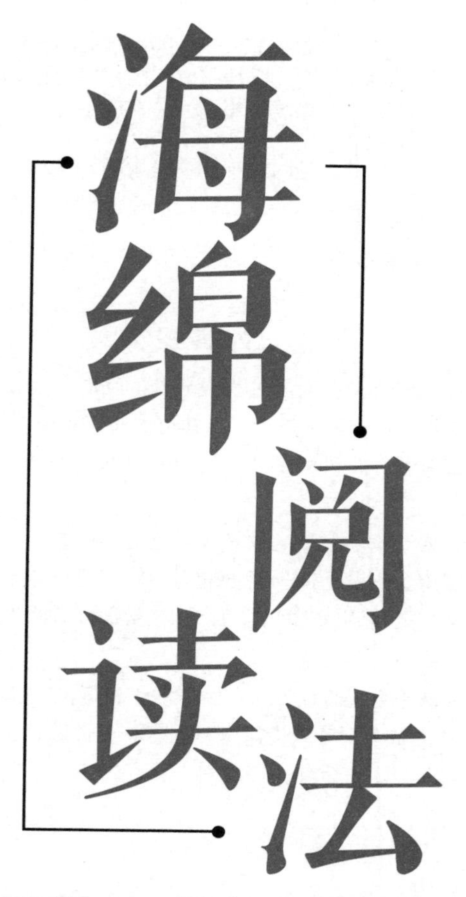

如何吸收一本书的精华

李小墨◎著

人民邮电出版社
北　京

图书在版编目（CIP）数据

海绵阅读法 ：如何吸收一本书的精华 / 李小墨著
. -- 北京 ：人民邮电出版社，2023.9（2024.7重印）
ISBN 978-7-115-62466-6

Ⅰ. ①海… Ⅱ. ①李… Ⅲ. ①读书方法 Ⅳ.
①G792

中国国家版本馆CIP数据核字(2023)第148565号

内容提要

本书针对大多数人在阅读过程中遇到的问题，如读得慢、忘得快、输出吃力、笔记低效、不会独立思考、不知道如何建立知识体系、无法学以致用、难以养成阅读习惯等，讲解了高效阅读需要的七大能力，致力于提供一套系统的阅读方法。

本书共分为七章，包括高效做读书笔记的能力、独立思考的能力、掌握阅读速度的能力、阅读不同书籍的能力、建立知识体系的能力、让读书有用的能力、长期持续稳定阅读的能力，旨在帮助读者最大程度吸收一本书的精华，最大程度从阅读中获益。

本书适合缺乏系统阅读方法，读得慢、忘得快、输出难的学生、职场人，以及有旺盛成长需求、对成长速度不满意、成长遇到瓶颈，想要靠阅读实现自我提升的读者阅读和学习。

◆ 著　李小墨
责任编辑　陈　宏
责任印制　彭志环
◆人民邮电出版社出版发行　　北京市丰台区成寿寺路11号
邮编 100164　　电子邮件 315@ptpress.com.cn
网址 https://www.ptpress.com.cn
北京天宇星印刷厂印刷
◆开本：880×1230 1/32
印张：10.5　　2023年9月第1版
字数：200千字　　2024年7月北京第9次印刷

定　价：59.80元

读者服务热线：（010）81055656　印装质量热线：（010）81055316
反盗版热线：（010）81055315
广告经营许可证：京东市监广登字20170147号

前　言

你好，我是小墨，谢谢你打开这本书。

这本书写的是一套系统的阅读方法论，12 年来，我一直专注于一个问题：如何读书，才能最大程度从阅读这件事中受益？我一直持续不断地探索这个问题的答案，随着探索的深入，我慢慢从一个阅读“小白”成长为一个凭借自己的阅读能力实现变现百万元的全职读书人。

今年是我从事自由职业的第 7 年，至今我都觉得自己身处于一个不真实的梦境中，一个酷爱读书的人，竟然真的以最热爱的事为事业，可以自由地、花大把的时间读一切爱读的书，而且获得了丰厚的金钱回报。我用自己热爱和擅长的事，争取到了极大的人生自由度，最大程度地掌控了自己的人生。当然，变现只是阅读能力发展到一定阶段后的自然结果，我从阅读中得到过太多恩惠，我的阅读史就是我的思想成长史和能力发展史，而金钱只是其中一个意料之外的收获。

为什么要写这本书？因为阅读真的需要方法，我经历过太多次因阅读方法调整而带来的阅读质量跃升，每次都似点石成金，所以我心里一直有一个渴望，把帮助过我的东西总结出来帮助其他人。这其实是一个漫长的过程，对于“如何读书，才能最大程度从阅读这件事中受益”这个问题，我用了 12 年才得到相对满意的答案，形成实用、完整、可复制的成熟方法论，最终把这本书送到大家手里。从阅读“小白”到变现百万元的全职读书人，我至少经历了六个阶段。

第一阶段：散漫读书阶段

我从小喜欢读书，“爱读书”似乎很早就成为我的一个标签。最开始，我以为自己会读书，但真实的阅读状态是：想起来就读一点，没时间就不读了，阅读量少得可怜；谈起书没有什么拿得出手的见解，多年没有长进；没有非读不可的迫切感，一直是可读可不读的散漫状态，多数情况下是为了缓解焦虑、逃避现实而读书。对于读书有什么意义，读书有什么用，读书和我的人生有什么相关性这些问题，我心里极度迷茫。

现在回想起来，那时的状态真是糟糕，自己却浑然不觉，长期以一个爱读书、会读书的人自居。这个阶段的教训就是：

第一，阅读不是一件孤立的事，我们一定要把阅读和生命中重要的目标结合起来，打通阅读与能力养成、目标推进、愿景实现之间的关系；第二，一定要养成稳定的读书习惯，特别是一定要追踪自己的阅读进度，因为人的自我感觉太具有欺骗性了。

第二阶段：大量乱读阶段

促使我从散漫状态里走出来的是一个优秀的前辈，我在大学听了一场讲座，分享人叫高峰，是一位很厉害的反劫持谈判专家，他的演讲主题是“如何建立个人的知识体系”，那时我第一次知道“知识体系”这个词。他的分享非常松弛有趣，他既能铺陈悬念，又能旁征博引，他所讲的东西，以及调用知识的能力和方式，让我大开眼界，我第一次见识到一个真正阅读量大的人是什么样子。

那一天，我就像照镜子一样，看见了真正的自己：阅读量少得可怜，孤陋寡闻，却自以为是。我感到羞愧并开始反省。很多年后，我才真正明白，知道得越多，对自己“无知”的认知越充分，越不会产生虚妄的优越感。我感到庆幸，我意识到这一点是在大学二年级，“知识体系”这个词让我产生了阅读野心，我开始大量、密集地阅读。

最巅峰的时候，我一天能看一本书，七天能看七本书。在大学图书馆，我撞到什么看什么，我看思想深邃、主题严肃的书，如孟德斯鸠的《论法的精神》、卢梭的《社会契约论》，我也看比较简单的畅销书，如《谁动了我的奶酪》《小狗钱钱》，我还看与自己的专业（新闻学专业）相关的书，如《风云人物采访录》《美国新闻史》，我也看其他专业的书，如心理学专业之弗洛伊德的《梦的解析》、社会学专业之费孝通的《乡土中国》。当然，我不可避免地读到很多不值得花时间读的书。

现在回过头来看，虽然那时我的知识体系很混乱，但是每个读书的人都需要经过这样一个广泛涉猎的阶段，连鲁迅先生都说：无论谁，在那生涯中，总有一个将书籍拼命乱读的时期。这对我来说也是一个在认知上开疆拓土、野蛮生长的时期。

在这个阶段，我有两个体会。第一，我们要广泛涉猎不同的书。读不同书的体会、乐趣和收获是完全不同的，不同的书在我们的人生中扮演不同的角色，给我们不同的滋养。偏执地只读某一类书是自我限制，广泛涉猎才能得到一个更开阔的世界，并对这个世界有更完整、更深刻的洞察。第二，阅读速度和阅读质量同样重要。我以前一直错误地认为阅读质量是唯一重要的标准，后来发现两者同样重要。阅读速度快、阅读量大、积累多，我们理解新东西越来越容易，这可以大大提升我们的阅读质量。

第三阶段：强制输出阶段

读书多了，一些新的困惑摆在我的面前：我不太确定自己记住、掌握和内化了多少，也不太确定需要知识的时候能否调用，更不知道我的思想是否成长，能力是否发展。总的来说，我感到心虚、没把握，感觉自己在做无用功。为了告别这些负面心理，我给自己定了一条阅读规则，强制自己输出，每看完一本书必须写一篇读书文章，如果没写这篇文章，就不允许自己看下一本书。这篇文章不是复述和转述书中的内容，而是回答一个问题：读这本书，和没读这本书，对我来说有什么区别？

我的知识边界拓展了吗？我的认知更新了吗？我的观念改变了吗？我是否学到了做事的方法？我是否有了新的人生愿景、人生目标和为人处世的原则？我的某种心结解开了吗？我对他人和世界是否有更深的理解？

我坚持执行这条阅读规则，每读完一本书就追问自己的变化和收获，把阅读收获用文字固化下来。刚开始我的思考和总结很粗浅，但量变引起了质变，它实际上让我对自己的阅读提出了一个相对高的要求——除了输入，还要求内化后输出，不只停留于阅读，还要求学以致用。而为了回答好“读这本书，和没读这本书，对我来说有什么区别”这个问题，我必须首先对书籍内容有一个全面、完整和彻底的掌握，我的读书笔记开始快速迭代和发展，我的阅读思考能力开始发展和进化，我的阅读效果得到了质的提升，那种心虚、没把握、做无用功的感觉一扫而空，我开发出一套把“凡有所学皆有所用”进行到极致的阅读方法。在这个阶段，我拿到一本书时，终于感觉自己能够像庖丁解牛一样，把它拆解消化，最大程度吸收它的精华。

第四阶段：建立知识体系阶段

通过强制输出来完成每本书的深度消化后，新的问题又出现了：摄入的信息庞杂，导致脑子混乱。有知识体系的人，可以自如地驱使知识去分析、判断和行动，去帮自己解决问题和接近目标，学得越多，头脑越清晰。没有知识体系的人，知识就像乌合之众，内部可能还在打架，学得越多，越晕头转向。

那怎么建立知识体系呢？对我来说有一本很重要的书——莫提默·J. 艾德勒和查尔斯·范多伦的《如何阅读一本书》，我在这本书里学到了“主题阅读”这种方法，原来读书不必非得以一本书为阅读单位来进行，我们可以只抽取对自己有用的局部来读，可以把很多书放在一起作为一个整体来读。我不再追求表面上的阅读量，而是开始追求知识体系的完整，我不再零碎地读书，而是让每本书把我带到它所在的体系中去，我也不再撞到什么读什么，而是开始有意识地构建知识体系，围绕那些对我来说重要的主题，做深入的主题阅读，然后让这个知识体系为我的人生服务。

以前我会因为读书数量的增加而产生成就感，但到了这个阶段，我更在乎一本书对知识体系搭建的贡献，"读了多少本书"这件事带给我的成就感越来越小了。大家可以把"知识体系"理解成仙侠小说中人物的内丹，而一本好书的功效就像一株千年灵芝，它对内丹的助益比 100 棵普通仙草强得多。

在这个阶段，我开始培养选书的眼光，跳出单本书的局限，站在更高的维度做整体的阅读规划，开始慢慢学习如何构建最大程度服务于人生的知识体系。当然了，这个过程听起来似乎很容易，但从我摸到门道到形成清晰的方法论，又过去了好几年。

第五阶段：公众号写作和变现阶段

我原本是通过写日记来强制输出的，但在 2016 年，我有了自己的读书公众号：深夜书桌。当时我发现很多读书公众号并不纯粹，什么文章的热度高，就发什么文章，我想做一个纯粹的读书公众号，每读完一本书就发一篇深度解读的文章。公众号写作对我的阅读输出提出了更高的要求，我对书籍的理解要更深入，思考要有更高的质量，表达要更完整和准确，在这个过程中，我的阅读能力得到进一步的锤炼。

随着持续、高质量的阅读输出，我慢慢被更多的人认识，正式走上读书自媒体之路，开始解锁不同的读书变现方式。什么样的东西才能变现？答案是为别人创造价值的东西。我到达这个阶段，离不开前几个阶段的积累，很多人跳过前面几个阶段，觉得读书变现很简单，想直接变现，这是一种非常不踏实的想法。

第六阶段：形成系统方法论阶段

积累了一些粉丝后，询问我如何读书的人越来越多，当我尝试为大家答疑解惑时，我发现无法用几句话或几篇文章讲清楚这些问题，它们必须被系统地回答。以阅读思考能力为例，我只讲思考是不够的，思考不是一拍脑袋就出来的，就像贫瘠的土地种不出花一样，思考是需要养分的，好的思考是需要多元的、高质量的信息摄入养出来的。我的阅读思考能力是靠广泛涉猎不同的书籍培养起来的，那我就必须先教大家如何阅读不同的书籍。同样，如果我们想要思考得更深入、系统和结构化，广泛涉猎还不够，还需要知识体系作为支撑，我又需要教大家如何建立知识体系。当时正是知识付费最如火如荼的时候，有粉丝开始提议："小墨，只要你开发系统的读书课程，我第一个报名。"

但当时的我其实没有信心，因为公开讲课和公开招生对我来说都是舒适区之外的事。不过有一件事坚定了我的决心，2020 年春节期间，行动派邀请我做一次读书方法的线上公益分享，我分享了"如何用三种层次的读书笔记，最大程度榨干一本书的精华"，当时有一两万人听分享，反馈非常热烈，很多听众激动地说，我的分享让他们豁然开朗，解开了他们多年来关于读书的许多困惑，而且我这套方法的可复制性非常强，特别容易上手，他们第一次非常清晰地知道应该如何照着做。

我向大家征集"关于阅读，你最想解决的问题"，收集了两三百个问题，它们可以被概括为以下十个痛点。

痛点一：读得慢。有的人一两个小时只能读十几页书，一个月都读不完一本书。

痛点二：忘得快。有的人读完就忘，读了后面忘了前面，过段时间更是没什么印象，感觉都白读了。

痛点三：输出吃力。有的人读完书明明很有感悟，但一让他讲收获，总是支支吾吾地说不出来；想写读书收获，枯坐在电脑前一两个小时也写不出几句话。

痛点四：笔记低效。有的人抄了很多笔记，依然没记住多少内容，而且需要调用时总是找不到对应的内容。有的人只会抄好词、好句、好段，笔记是碎片化的，无法整体吸收和把握。

痛点五：不会独立思考。有的人读完书只会复述，没有自己的思考和见解。

痛点六：读不进去。有的人无法专注阅读，一坐下来就无意识地玩手机，静不下心读书，或者读两章就失去兴趣，随手把书丢开。

痛点七：没有知识体系。有的人只有一堆零散的知识，在分析问题、发表见解时思路混乱，不知道如何系统化学习，以及如何从零开始建立知识体系。

痛点八：无法学以致用。有的人读了很多书，始终感觉不到变化和成长，“读书无用”成了长期无力改变的结果。

痛点九：不知道如何变现。有的人热爱阅读，坚持阅读，却是读书变现的“门外汉”，想学习读书变现的渠道和路径，却不知道如何开始。

痛点十：难以养成读书习惯。有的人总是三天打鱼，两天晒网，无法养成读书习惯，对自己越来越没有信心。

针对这些问题，我花了三年时间，开发了系统的读书课程。因为太想强调真正的阅读成果不是“读了多少本书”，而是阅读吸收率有多少，受益程度有多深，我给课程起了一个不同寻常的名字——“吸血鬼读书法训练营”，希望我的学员都可以最大程度吸收书的精华，最大程度从阅读中受益。这次正式出版的书名定为《海绵阅读法》也是在传达同一个理念。两年以来，这门课受到上万个学员的欢迎，学员们经常用的词是“颠覆”，这套课程颠覆了他们原先的阅读观念，他们的阅读方法在这里被推倒和重建，他们开始真正享受阅读，阅读也真正开始为他们的人生服务。

这本书脱胎于我的读书课程，但我升级了很多内容。两年期间，我都和学员们待在一起——上课、答疑、点评作业。经过十期课程，我点评了一万多份作业，在交流中得到了很多反馈，更深刻地理解了大家的阅读痛点。这次我对这套方法论进行了全面的升级，写成了这本书，希望借出版的力量，让这些深深帮助过我、帮助过学员们的内容，帮助到更多的人。

目 录

第二章
独立思考的能力 // 75

第三章
掌握阅读速度的能力 // 111

第四章

第五章

第六章

引　言

海绵阅读法的七大能力

这套系统的阅读方法包括七个相互独立又相互影响的能力，具体如图 1 所示。

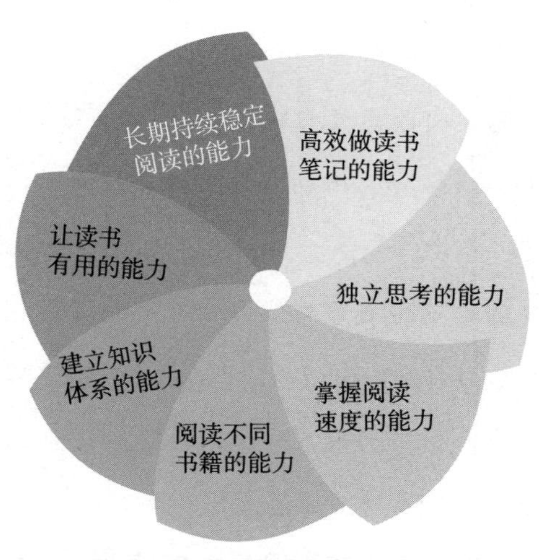

图 1　海绵阅读法的七大能力

能力一：高效做读书笔记的能力。在第一章，我们将学习如何通过三种层次的读书笔记最大程度吸收一本书的精华。三种层次的读书笔记是我历时 12 年，迭代几十次开发出的读书笔记系统，也是一套卓有成效的精读方法，可以解决消化吸收和记忆的问题，帮助我们读透一本书，并把读过的每本书都牢牢地焊在记忆里。

能力二：独立思考的能力。精读离不开精思，在第二章，我们将讲解一套独家的、流程化的、零基础上手的独立思考训练法，这套训练法帮助读者从一个不会思考的人成长为一个思维活跃、能独立地、有创见地、有逻辑地进行高质量思考的阅读者。

能力三：掌握阅读速度的能力。第三章将结构性地解决拖慢阅读速度的五大障碍，帮助读者实现十倍提速，其中包括在一小时内速读一本书的方法。

能力四：阅读不同书籍的能力。不同的书给我们不同的滋养，不同的书有不同的读法，第四章将详细讲解如何阅读实用类书籍、哲学和社科类书籍、小说、历史类书籍才能快速入门，快速进入腹地，并把阅读成果最大化。

能力五：建立知识体系的能力。在第五章，我将手把手按步骤讲解如何从零开始建立一个为我们所用的知识体系。

能力六：让读书有用的能力。第六章的重点是如何最大程度学以致用，让阅读最大程度为我们的人生服务，同时我将分享一个读书变现金字塔。

能力七：长期持续稳定阅读的能力。在第七章，我将教会大家如何用一套科学的、顺应大脑天性的方法，无痛苦地养成长期稳定阅读的习惯。

七大能力既相互独立，又相互影响，就像风车的七片风叶把风能转化为动能，它们把书籍的力量转化为成长的动能！

第一章

高效做读书笔记的能力

本章思维导图，请扫描二维码查看。

一、为什么要读这一章

我写这本书只想解决真正的问题，所以在每一章开始前，我会先写清楚这一章要解决的阅读痛点。如果大家正在被这些问题绊住，请细读并实践新的方法论；如果大家完全没有这些困扰，可以略读或直接跳过这一章。做读书笔记要解决的痛点包括以下三个。

（一）记不住、忘得快

记不住、忘得快的具体表现为：读了后面，忘了前面；刚读完，脑子里只剩下一团模糊的印象，过段时间更是什么也想不起来；重新翻开这本书，感觉特别陌生，仿佛不曾读过。有些读者为了对抗遗忘，“一步三回头”，不仅大大拖慢了速度，而且大部分内容还是会悄无声息地淡出记忆。很多读者始终没有找到可靠的、能提升阅读留存率的记忆方法。

（二）获得感低

很多人读完书，经常处于一种好像有收获，但又支支吾吾说不出来的状态，无法确定记住了多少，是否内化，将来能否调用，更无法确定知识是否转化为能力、见识、思考力和洞察力，所以读得再多、再快，也感到很心虚。常言道，书籍是人类进步的阶梯，如果大家一直感觉不到进步和成长，得不到正反馈，当然会有一种做无用功的感觉。这才是很多人没办法坚持阅读的最根本原因，而非通常认为的不自律。

（三）笔记无效

从小老师就教我们“好记性，不如烂笔头”，很多人想到了用读书笔记来改善记不住、忘得快和获得感低的问题，但低效的读书笔记是让人绝望的。多数人做读书笔记还是沿袭小学阶段抄好词、好句和好段的思路，最多加一点小感悟。但这样做笔记会出现：抄写、整理麻烦、耗时；笔记碎片化、脱离上下文；管理困难、调用困难；高投入、低回报等问题。基于此，大家一定要学会做高效的读书笔记。

二、做读书笔记的两个作用

我认为做读书笔记至少应该起到两个作用：帮助当下的理解和帮助以后的记忆。

（一）帮助当下的理解

我先讲理解，当下的深度理解和内化是以后记忆的基础。理解有两个层次。第一层次的理解是理解书籍的内容。这本书的主题是什么？作者想解决什么问题？作者最重要的主张是什么？作者最有洞见力的观点是什么？哪些概念浓缩了作者的思想精华？我理解这些概念了吗？哪些句子和案例值得留意？在这个层次上，我们要理解书籍的“血肉”。

第二层次的理解是理解书籍的底层架构。作者的写作目的是什么？为了达到这个写作目的，他从哪几个方面进行阐述？不同部分之间有什么关系？大家要对书籍有一个全局的概念，理解书籍的底层架构，梳理出一本书的逻辑脉络，仅仅摘录几个零碎的句子和段落，发表一点随机的感想，是远远不够的。

而要实现这两个层次的理解，需要依靠读书笔记。很多人抱有一种天真的想法，觉得光用眼睛看，用手翻，把书从头到尾读一遍，消化和理解就完成了，深度消化是不需要付出额外努力就自然发生的，所以总把读书笔记当成额外的工作和负担，能不做就不做。完全不做笔记，只能达成最浅层次的理解，我们需要借助读书笔记，对信息进行深度的处理和再加工，才能最大化地消化和吸收一本书的精华。做读书笔记就是一个知识反刍的过程，我们在读书时要把自己当成一只骆驼。为什么我反复用到“消化”这个词呢？因为知识的消化就如食物的消化，我们的消化系统有很多消化器官，为了把食物里的营养和能量最大程度地化为己用，要经过很多个消化流程。那我们凭什么觉得把书从头到尾囫囵吞枣地读一遍，就消化知识了呢？知识的消化是一个需要付出时间和努力的过程。做读书笔记，是一个非常有必要的、消化知识的过程。除非你的积累已经足够深厚，或者读的是一本对你而言完全没有难度的书，否则没有读书笔记的帮助，你很难实现高效的深度理解和内化。

（二）帮助以后的记忆

我再来讲记忆。做读书笔记的第二个作用是帮助以后的记忆和运用。大家在初读完一本书时，能记得大部分内容，隔一段时间，会遗忘大部分内容，这是不可避免的，也是必然的。以我这本书为例，我可以直接告诉大家，你们会在一天后忘掉大约 70% 的内容，一个月后忘掉大约 80% 的内容，除非做了有效的笔记和及时的实践。

边看边忘非常正常，因为读一遍后大家获得的只是瞬时记忆，瞬时记忆属于感官记忆，信息会以电脉冲的形式进入大脑，然后这种电脉冲转化为脑电波，几秒钟后就消失了。例如，有人把一个电话号码报给你，你可以凭借暂时的记忆准确拨号，但是等拨号完毕，你扭头就忘了，这就是瞬时记忆，保留时间极短。所以大家企图通过看一遍就把书全记住，基本属于妄想。那能不能通过回头多读几遍，让自己记住呢？这样做会比只读一遍的效果好一点，但大家得到的还是瞬时记忆。如果有人这样做过，可以回头检验一下，自己真的记住了吗？如果还是记不住该怎么办？大家要想办法把瞬时记忆变成短时记忆。

短时记忆是工作记忆，大家可以把它理解成大脑中的操作台，刚进入大脑的瞬时记忆要想在记忆中留下来，就得想办法进入这个“操作台”。那么大家该怎么把瞬时记忆转化为短时记忆呢？答案就是主动学习知识，对知识进行充分且深度的加工。

第一，筛选。把对我们有意义的、重要的信息筛选出来。我们本能地讨厌遗忘，但遗忘就是大脑进化出来、帮助我们筛选的机制。我们会记住重要的信息，遗忘不重要的信息，所以遗忘是正常且必要的，遗忘带来高效的信息处理效率，让我们的大脑更强大。所以，我们加工信息最重要的一个工作就是告诉大脑哪些信息是重要的，并把它们筛选出来让大脑区别对待。

第二，分类。分类的目的之一是组块化，心理学家乔治·米勒（George Miller）曾提出一个著名的“神奇数字 7 ± 2 法则”，工作记忆的容量是 7 ± 2，即 5 ~ 9 个项目。因此，如果我们选择零碎地去记忆，记忆项目很容易超过这个容量，但是如果按照某种逻辑分类记忆，就可以缩减记忆项目，记忆效果会大大提升。

例如，我们在购买食材做年夜饭时，可能要买几十样食材，零碎地去记忆很难记住所有食材，但如果按照菜名分类记忆，把一个菜当成一个项目，如猪肚鸡汤、蚂蚁上树，简单回忆一下制作过程，就知道需要什么食材和配料了。我们在读一本实用类书籍时，可能需要记忆几十个零零碎碎的知识点，但如果按照是什么、为什么、怎么做的逻辑进行分类记忆，记忆效果就完全不一样了。

信息具有了某种结构，才能成为知识。分类不仅是组块化，还是理解的深化，是对信息的一种重要加工。所以 20 世纪美国著名的教育家、哲学家约翰·杜威（John Dewey）才会这么说："所有知识都是分类（All knowledge is classification）。"

第三，联结及复述。我们可以通过联想，把新的信息和已有的知识网络、生活经验结合起来，并用自己的话复述。《津巴多普通心理学》（第 8 版）把复述分为保持性复述和精细复述。保持性复述就是直接复述原文；精细复述是用自己的话复述，但不仅限于换一种说法来重复信息，还要把新知识和已有的知识网络、生活经验结合起来，把自己的理解加进去。精细复述的内化和记忆效果远远大于保持性复述。

当然，把瞬时记忆变成短时记忆还不够，短时记忆只能保留几分钟，而且容量也有限。当我们要记的新东西超出记忆容量，我们就得挪走旧东西，给新东西腾地方，然后就会出现"狗熊掰苞米"的情况，学了新东西，就忘了旧东西。长时记忆是最可靠的，没有容量限制，保留时间久，可以保留几年甚至一辈子。

那如何把短时记忆变成长时记忆呢？答案是重复（见图 1-1）。但我们要根据遗忘曲线来重复，而不是像小时候背书一样，在短时间内机械地重复，不要指望读一遍或多瞄几眼就能记住主要观点并化为己用。另外，做读书笔记很有必要，好的读书笔记可以轻松地把瞬时记忆变成短时记忆，再变成长时记忆，让大家不白读书。

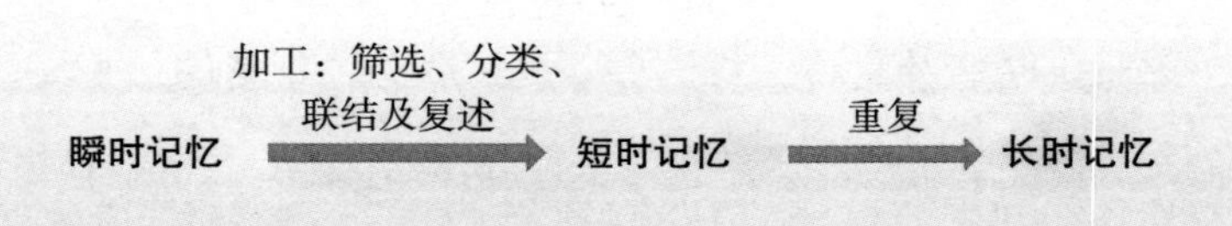

图 1-1　瞬时记忆、短时记忆和长时记忆的转化

三、好的读书笔记是什么样的

在实践中，很多人所做的读书笔记，根本起不到帮助当下的理解和以后的记忆这两个作用。高效的读书笔记至少要做到以下五点。

第一，重点醒目。一个常见误区是贪多求全、什么都记。真正重要的东西，一定会被不同的作者以不同的方式在不同的书里反复陈述，就算这次你漏掉了，也一定会在以后的阅读中遇到。没有一本书是一座孤岛，大家不要有“漏掉什么，就会蒙受不可挽回的损失”的包袱。什么是重点呢？重点首先是新知，是这本书区别于其他书的、体现这本书独特价值的内容。

如果大家不聚焦新知，很容易长期在类似的主题、阅读的舒适区打转，最终导致思想的精进速度非常慢。其次，重点是对我们最有启发、最有帮助的内容，而不必是作者和编辑认为的重点，也不必是其他读者认为的重点。根据这两个原则，大家可以大胆地“断舍离”，让重点醒目。

第二，提炼底层框架。大家在阅读时不能完全迷失在细节中，要学会俯瞰全局，既见树木，又见树林，要学会提炼底层框架和底层逻辑，对一本书有一个系统性的把握。

第三，具有一个好用的索引系统。当大家需要查找某些内容时，这份读书笔记可以快速帮我们定位到相关的内容。

第四，保留阅读过程中被触发的有价值的思考和鲜活的感受。很多人迷恋干货，导致读书笔记太简略，只有几个关键词和核心论点句，这对复习的帮助很小。好的读书笔记可以让大家不重读原书，就能快速回顾书籍要点和个人思考要点。大家仿佛穿越到第一次读完这本书的时候，想起这本书带来的情绪激荡和思维激荡。

第五，把读书收获固化，也能让阅读输出变顺畅。好的读书笔记可以让大家读完一本书后非常清楚自己的收获是什么，而不是处在好像有收获，但说不出来的朦胧状态。

四、用三种层次的读书笔记，最大程度吸收一本书的精华

接下来的这套笔记方法的功能是帮助大家深度理解内化和持久有效记忆，最大程度吸收一本书的精华。这套笔记方法，就是一套精读的方法，做笔记的过程，就是一个精读的过程。这套笔记方法分为三种层次。

第一层次的读书笔记是局部碎片化的笔记，要用到的工具是我开发和总结的万能读书笔记模板。万能读书笔记模板适合总是不知不觉在文字的迷魂阵里找不着北，不知道如何快速、准确筛选重点的人，大家只要掌握这个简单的工具，就能快速上手。

第二层次的读书笔记是全局概览的笔记，是用来把握一本书的整体脉络的，要用到的工具是思维导图笔记。

第三层次的读书笔记是结构内化的笔记，它包括独立思考和个人见解，聚焦个人的收获和总结，要用到的工具是读书文章。

后面还有第四层次的读书笔记，前面三种层次都是针对单本书的，而第四层次的读书笔记，需要完成对多本书的知识体系的吸收，输出的产品是一本书或一门课程，属于最高境界的

读书笔记。我会把第四层次的读书笔记放到第五章讲解。读书笔记系统如图 1-2 所示。

图 1-2　读书笔记系统

（一）第一层次的读书笔记：局部碎片化的笔记

1．万能读书笔记模板九要素

很多人拿到一本书后就一页一页地往下翻，根本不知道自己要寻找什么，想从书里得到什么，还有的人唯一能想到的做读书笔记的方式就是很随意、很机械地用笔画线。

为了解决这些问题，我开发了一套万能读书笔记模板，它包括九个要素：阅读动机、核心概念（核心人物和核心情节）、金句收集、故事案例、联想发散、任何疑问、洞见时刻、情绪感受、行动灵感。下面我逐个给大家讲解。

（1）阅读动机

万能读书笔记模板的第一个要素是阅读动机。拿到一本书，我一般会在第一个空白页写下我的阅读动机，这是开始读一本书之前的自问，是对阅读目标的审视和设定。我为什么要读这本书？市面上有那么多书，我为什么翻开了这本？是什么让我对这本书感兴趣？我对这本书有什么期待？我想从书里得到什么？这本书能给我什么？

我在读亚伯拉罕·马斯洛（Abraham Maslow）的《动机与人格》时，写下了以下四个阅读动机。

动机一：马斯洛是非常著名的心理学家，他所创立的人本主义心理学，被称为比肩行为主义心理学、精神分析心理学的“第三股势力”，他的需求层次理论的影响力非常大，他在这本书中系统地阐述了这个理论，读这本书可以进一步完善我的心理学知识体系。

动机二：以前读到的有关需求层次理论的内容，都是其他人的解读，这次我想看看理论提出者是怎么说的，希望对这个理论有更全面、准确、深刻的理解。

动机三：希望需求层次理论可以帮助我更好地了解自己，解答人生际遇发生变化之后，我在心态、行为模式、价值观等方面产生的一系列困惑。

动机四：我写第二本书时会讲到阅读动机，想通过马斯洛对认知需求的阐述，对阅读动机有一个更深的理解。

带着这些阅读动机，我就不是随便看看。要完善我的心理学知识体系，我需要把它和行为主义心理学、精神分析心理学进行对比，清楚地了解人本主义心理学的颠覆性意义是什么；看理论提出者的解读，我就要留意之前接收的知识及我对这个理论的理解有没有谬误；用这个理论解释自己的行为，我就需要结合理论和实际做一个分析和思考；要用到马斯洛对认知需求的阐述，我就要细读这部分内容，把观点迁移到对阅读的讨论上。阅读动机，决定我们的阅读速度、阅读深度和关注的重点。阅读动机一旦明确，阅读就从被动接收信息变成一个主动寻找答案的过程。

阅读动机有以下三种常见的类型。第一种是想获得行动指导，即想做成某件事，想做某种改变，想解决某个具体的问题。第二种是想获得精神力量，即在颓丧的时候，希望得到鼓舞，在破碎受伤、焦虑不安时，需要一些温暖治愈的力量。第三种是满足认知需求，即通过阅读增进对自己、他人、社会和世界的理解。无知带来焦虑和恐惧，理解和洞察让人感到愉悦、幸福、激动和有成就感。

而且找到与阅读动机相匹配的书，是需要积累、理解力和机缘的，这种匹配经常是很私人的。《分成两半的子爵》《树上的男爵》的作者、意大利著名作家伊塔洛·卡尔维诺（Italo Calvino）曾经花了两年多的时间搜集整理了全套的意大利民间童话，大作家读童话，这听起来很奇怪。他的阅读动机是什么呢？为了可爱的小朋友，还是为了弘扬意大利文化？他在《新千年文学备忘录》里是这么说的：如果说在我写作生涯的某个时期曾被民间故事和童话故事吸引的话，那也不是因为我忠于某个民族传统（要知道，我扎根于一个完全现代和都市化的意大利），也不是因为我缅怀童年的阅读（在我们家里，小孩只可以读教育性的书籍，尤其是有一定科学根据的书籍），而是因为我对风格和结构感兴趣，对故事的简洁、节奏和条理分明感兴趣，我在改写上世纪的学者整理的意大利民间故事时，最享受的是读到极其精炼的原文，我试图传达这种精炼，既尊重原作的简明，同时试图获取最大程度的叙述力量。

也就是说，童话只是他用来训练简洁文风和故事节奏的工具。可是只有把写作研究得十分透彻、文学审美极高、对文字极为敏感的人才能懂得童话的上乘，才知道如何取法于童话，从这些文本中获益。

卡尔维诺的阅读动机，属于第一种阅读动机——想获得行动指导。我也借此提醒大家，不要一看行动指导就只能想到实用类书籍。在这里，我谨慎地用了“阅读动机”这个词，因为有时我们有清晰的“阅读目标”，有时却只有模糊的兴趣点，事先并不能准确知道自己会从书里得到什么。

那我们具体该怎么罗列阅读动机呢？建议如下：直接写在封面后的空白页上，一个想法一旦被写下来，就得到了强化，会强化阅读动机；有几条就列几条，重点是要诚实；如果我们只有模糊的兴趣点，就列模糊的兴趣点，列不出来或勉强写下阅读动机后依然兴趣寥寥，就暂时不读这本书。当我觉得自己的阅读动机不够强烈时，我一般不会勉强自己去读一本书。带着阅读动机读书，我们要重点筛选和思考与阅读动机有关的内容，在阅读过程中，如果我们对一本书有了更深的理解，想补充阅读动机，可以回到封面后的空白页补充。我们在读完书、总结阅读收获时，要先回顾阅读动机。这是万能读书笔记模板的第一个要素：阅读动机。

（2）核心概念

万能读书笔记模板的第二个要素是核心概念。当我们开始读一本书时，最需要关注的重点是什么呢？如果这本书是论述类书籍，重点就是核心概念。核心概念是浓缩思想的概念，会被作者反复提到，它们通常会出现在书名、目录、章节标题中，作者在正文中也会花大量篇幅去阐述。一般来说，一本书的核心概念不超过十个，有些书甚至只有一两个核心概念，如《微习惯：简单到不可能失败的自我管理法则》《心流：最优体验心理学》，核心概念就明晃晃地体现在书名上。有句话叫“打蛇打七寸”，核心概念就是书的“七寸”，我们抓住了核心概念，在理解一本书时就有“四两拨千斤”的效果。如果我们能准确提炼出核心概念，用自己的话解释清楚这些概念的内涵，把这些概念融入自己的表达和思考体系中，阅读效率就能大大提升了。

如果这本书是小说，我们就把核心概念换成核心人物和核心情节，同样可以把握小说的主要内容。例如，《傲慢与偏见》中的核心人物有四对，第一对是伊丽莎白的闺蜜夏洛特和表哥柯林斯，代表了经济适用的婚恋选择；第二对是小妹莉迪亚和花花公子威克姆，代表了情欲的结合；第三对是大姐简和宾利先生，代表了美貌与财富的结合；第四对是主角伊丽莎白和达西先生，是作者认为的理想爱情的典范。

《了不起的盖茨比》的核心情节是请客、重逢、摊牌、车祸、枪杀。“请客”是指盖茨比不计成本大宴宾客，只为等待黛西的到来；“重逢”是指在中间人尼克的帮助下，两人重逢并旧情复燃；“摊牌”是指盖茨比不满足于情人的身份，当着黛西的面，和黛西的老公汤姆摊牌；“车祸”是指在激烈的冲突中，黛西情绪失控，在路上开车撞死了她老公汤姆的情人；“枪杀”是指死者的老公被汤姆误导，以为自己的老婆是被盖茨比杀害的，就开枪杀死了盖茨比。

（3）金句收集

万能读书笔记模板的第三个要素是：金句收集。简单来说，金句就是我们特别想收藏和摘抄的句子。哪些句子能被称为金句，值得格外留意呢？

第一，表达特别到位、让我们惊叹的句子。例如，张爱玲在小说《红玫瑰与白玫瑰》里写的那句话：“也许每一个男子全都有过这样的两个女人，至少两个。娶了红玫瑰，久而久之，红的变了墙上的一抹蚊子血，白的还是‘床前明月光’；娶了白玫瑰，白的便是衣服上沾的一粒饭黏子，红的却是心口上一颗朱砂痣。”

第二，思想特别深刻、洞察特别准确、蕴含的意义丰富、能够启发思考的句子。尤其注意那些让我们有恍然大悟、茅塞顿开、醍醐灌顶之感，以及突破和超越原有认知的句子。例如，

《三体》中的那句：“**弱小和无知不是生存的障碍，傲慢才是。**”这句话虽然来自虚构作品，但在真实的世界文明发展史中，也是能被不断验证的振聋发聩的道理。

第三，给我们带来情感冲击、引起我们共鸣的句子。《小团圆》里的九莉成年后，计算了母亲为她花过的钱，将这些钱折合成二两金子还给母亲。母亲以为九莉要和她断绝关系，十分伤心。在别扭、疏离的母女交流后，九莉对自己说：“**时间是站在她这边的。胜之不武。**”这句话对我来说像匕首一样锋利，它真的把所有受过原生家庭伤害的孩子长大之后的心理给说尽了。九莉和母亲的关系，让我想起我和父亲的关系。在我最需要爱和关心的年纪，一路攒了好多好多失望，直到我不再有任何期待，当然也慢慢到了不再需要他关心的年纪。然后自然法则扭转了局面，我慢慢走向人生的鼎盛时期，无论是身体、思想还是经济实力，都蒸蒸日上。而他渐渐衰老，常年不自律的生活给他带去了许多病痛。他从一个主宰我生活的照顾者，渐渐变成了一个需要被我照顾的脆弱的人。当看到他在时间面前节节败退的时候，我会不忍心。他不是坏人，虽然从小对我的关心不够，但也对我有过爱，当我想恨他的时候，那些爱过我的证据又像烙铁一样烙疼了我。

阅读让我们欲罢不能，当我们内心深处许多隐蔽的感受被一个身处不同时空的作者一语洞穿时，我们可能会流泪，觉得被深深理解了，觉得自己并不孤独。理解本身就能带来治愈力。

第四，给我们带来勇气或动力的句子。在刚进入社会，最贫穷、最没有能力，也最没有选择权和议价权的时候，《流金岁月》里蒋南孙的一句话给了我许多力量：“掘一个洞，藏起来，勤力修炼，秘密练兵，待有朝一日，破土而出，非得像十七年蝉那样，混着桂花香，大鸣大放，路人皆知。”

第五，能塑造我们的人生观和价值观，教给我们为人处世原则的句子。《了不起的盖茨比》的开头有一句话：“每当你想要批评别人的时候，千万记住，世上并非所有的人，都有过你所拥有的那些优越条件。”这句话对我的影响极大，它教给我的谦逊胜过其他千言万语。

（4）故事案例

万能读书笔记模板的第四个要素是：故事案例。人们不太容易记住概念，但是非常擅长记住故事。收集那些触动我们的、给我们带来启发的故事，不仅能帮助我们理解和记忆故事背后的理念，还能帮我们理解更复杂的事物。对写作感兴趣的同学更要注意，那些曾经打动你的故事案例，既然能打动你，就能打动你的读者，是绝佳的写作素材。

有一本书叫《单核工作法图解》，作者史蒂夫·诺特伯格（Staffan Nöteberg）还写过一本很有名的书——《番茄工作法图解》。作者在《单核工作法图解》里讲了一个故事，巴菲特（Buffett）曾经指导他的私人飞机飞行员迈克·弗林特（Mike Flint）写下自己职业生涯的25个大目标。弗林特写完后，巴菲特让他圈出最重要的5个目标，把其他20个目标归入“不惜代价避免”的一列。注意，他所指的避免是刻意避免，即要像躲瘟神一样躲着，而不是像大多数人一样先实现最重要的5个目标，再实现没那么重要的20个目标。

作者通过这个故事告诉我们，时间管理最重要的是做好“关键的少数”，为了做好“关键的少数”，必须抛弃“有用的多数”。普通人只知道要提高实现目标的效率，必须戒掉无用的、浪费时间的事情，如看搞笑视频，但是时间管理高手还会戒掉那些“有用的多数”，它们虽然也有意义和价值，但妨碍了最重要的目标。高手和普通人的区别是：高手立长志，普通人常立志。

这个故事对理解的帮助，是不是比反复论述强得多？所有擅长表达和说服的人的演讲稿里总有大量精彩的故事案例。这是刻意积累的结果，可惜很多人没有积累精彩故事案例的意识，反而因为迷恋“干货”，把故事作为首先被挤掉的水分。

（5）联想发散

万能读书笔记模板的第五个要素是：联想发散。联想发散的作用有两个：第一个作用是帮助我们进行深度的理解和内化；第二个作用是帮助我们进行快速、持久的记忆。我们在阅读时判断自己有没有真正理解的关键在于能否举一反三，能否联想到佐证这个内容的东西，如在其他地方看到的一句话、一个新闻、一个比喻、自己的亲身经历等。

在《哲学的故事》这本书中，作者威尔·杜兰特（Will Durant）在评价柏拉图和他的理想国时表示，最后我们需要公正地指出，柏拉图明白自己的乌托邦实际上远非真的可行，他承认自己描绘了一种无法实现的情境，但他认为这种对美好愿景的描绘其实是有价值的：人的价值就在于不断地憧憬，并努力实现憧憬的一部分；人生来就是一种创造乌托邦的动物。

我们该怎么理解这句话呢？理想国，是柏拉图对“最好的国家是什么样的”这个问题的思考和回答。可能很多人觉得这种思考对普通人来说太遥远，但实际上无论是国家社会、科技发展，还是个体的自我实现，永远在回答“什么是最好的样子”这个问题。所以当我们嘲笑理想主义者的时候，别忘了，我们今天所拥有的一切，如飞机、电脑等，曾经都被视作不切实际的梦想。

而描述愿景是一件有能力门槛的事，需要穷尽一个人，甚至一代人的见识，需要深刻洞察过去和现实，需要对未来充满想象力，需要经过大量的学习和思考。柏拉图的理想国也是在他周游列国后提出来的。每一种愿景和理想都会有局限，也会不断发展。但这并不妨碍我们把愿景变成当下行动的标准和目标，从里面获得一种向上和进步的力量，不断刷新自己能力的上限。

通过对历史和自己的联想发散，我对《哲学的故事》里的这句话有了更深的理解。这就是联想发散的第一个作用：帮助我们进行深度的理解和内化。尤其在面对相对抽象的概念和思想的时候，如果我们能举一反三地联想到其他具体的人、事、情形，就说明我们已经掌握了作者的意思，能在以后的生活和工作中运用。

我们在形容一个人聪明、理解力强时，会说这个人有悟性，悟性其实就是联想发散能力，《论语》中孔子夸子贡“告诸往而知来者”，以及子贡自谦自己比不上颜回，颜回可以闻一知十，自己只能闻一知二，都是在讲这种能力。这是后天可以习得的能力，阅读就是训练联想发散能力的绝佳方法。我的建议是：在阅读的过程中，我们要养成刻意进行联想发散的习惯。当面对相对抽象的概念和思想的时候，我们尽可能举出具体的案例，或把原有案例替换成自己的案例，以帮助深度理解和内化。

联想发散的第二个作用是：帮助我们进行快速、持久的记忆。联想发散能帮助我们建立新的信息和已知信息的联系。如果我们读一本书时进行了大量的联想，那就相当于我们已有的记忆库伸出了很多小钩子，把这本书教的新东西勾住。我们也可以把联想发散理解为强力胶水，它把新的知识粘在我们熟悉的知识上，这是记忆最重要的窍门，可以帮助我们记得快、记得久、记得准确。联想发散的记忆效果，比机械重复强百倍、千倍，我在后面总结记忆方法的时候再展开讲这一点，并给大家演示我如何通过联想发散，用 5 分钟时间按顺序记下《论语》的 20 个篇目。

请记住，在阅读的过程中，如果书里的某个部分让大家想起了其他人说过的某句话、新闻里的某个故事、职场上的某个体会、另一本书里的某个观点等，大家就把它们写在书上，这些内容能帮助我们进行深度的理解和内化，帮助我们进行快速、持久的记忆。

（6）任何疑问

万能读书笔记模板的第六个要素是：任何疑问。只要我们有困惑，无论觉得那个问题多么没有水平，都要问出来。人有一种奇怪的本能，只要有人向我们提了一个问题，我们就忍不住去回答，即使提问的这个人是自己。组织答案的过程就是思考的过程。所以提问是启动思考最好的方式，它会立刻把人拉到一种渴求答案的状态。

我在读斯塔夫里阿诺斯（Stavrianos）的《全球通史：从史前史到21世纪》时，因曾看过央视的一个纪录片——《大国崛起》，所以特别好奇为什么葡萄牙、西班牙和荷兰三个国土面积不大的国家会有机会成为世界强国，然后又快速衰弱。在读相关章节时，我把问题写在了书上，因为想得到答案，我阅读时特别专注和仔细，如饥似渴地把书读完。

在心头有疑问的时候，大家一定要把问题写下来，写下来意味着必须准确地表述疑问，被清晰表述的疑问才会催动严谨的思考。如果那些深深困扰过我们的问题，因为阅读和思考而得到解答，那我们根本不需要去刻意记忆，就能自然地把知识和思想嵌入对世界的理解中。

（7）洞见时刻

“顿悟”一词指顿然破除妄念，觉悟真理。大家在阅读时应该都经历过这样的时刻，当读到一段话时，会忍不住发出感慨：

“哦，原来是这样！原来我之前想错了！以前我把这个道理当成耳边风，今天才真正领会背后的含义！”我把这种时刻称为洞见时刻，它是指在认知上经历的恍然大悟、茅塞顿开、醍醐灌顶的时刻。真正有效的阅读一定是不断地推倒和重建，原本根深蒂固的认知可能在阅读中松动，原本困惑迷茫的部分可能在阅读中明晰，洞见时刻最重要的任务就是反思和总结令自己最振奋的新发现。

我在读《记事本圆梦计划》时经历过一次重要的洞见时刻。作者熊谷正寿在书里写道，梦想是需要触发的，为了触发梦想，我们要做两件事：第一，要去和不同领域的人交往，让他们启发我们的梦想；第二，要在各种生活场景中有意识地收集梦想。我联想到了在《中国青年报》的《冰点周刊》看到的一篇报道《这块屏幕可能改变命运》，它讲的是248所贫困地区的中学通过直播，与著名的成都七中同步上课的事。其中，有两个学生令我印象深刻。云南禄劝县是国家级贫困县，禄劝一中有一个学生非常痴迷数学，但是她能想到的理想职业就是数学老师，这是镇上的初中老师告诉她的出路，此外她无法想象擅长数学还能做什么。成都七中有一个学生也痴迷数学，他提前修习了高等数学，想进一步深造。与禄劝一中的那个学生相比，他对自己的未来更有想象力，在即将去深造的世界顶尖大学，他将遇到优秀的老师和同学，这些人可以告诉他很多擅长数学可以做什么的答案。

我突然顿悟到了一件事：梦想并不是一拍脑袋就想出来的，它来自阅历和眼界。有些人没有像样的目标和梦想，不完全是因为思维的懒惰，有时可能是因为所处环境带来的信息差和眼界限制。所以不仅实现梦想需要努力，找到梦想也需要我们付出努力，我们不能被动等待着梦想突然降临，而应该主动去触发。

洞见时刻就是陶渊明所说的“每有会意，便欣然忘食”的时刻。每一个洞见时刻，都是让读者特别振奋的时刻。对我来说，洞见就犹如在脑袋里放烟花。英文里有个词叫作“Aha moment”，被译为“啊哈时刻”或“顿悟时刻”，是由德国心理学家卡尔·布勒（Karl Bühler）在大约100年前首创的。他当时对这个词的定义是：思考过程中一种特殊的、愉悦的体验，其间会突然对之前并不明朗的某个局面产生深入的认识。

大家要注意，“知道”和“悟到”是有区别的。“悟到”即洞见时刻，是指向个人认知和领悟层面的重要突破。前段时间在网络上受到关注的戴建业老师，因为太太生病，抗癌药非常贵，被迫出来上课，做自媒体，却被很多人指责失去了文人风骨。后来我再看到他的视频时，他正在讲纳兰性德的《浣溪沙·谁念西风独自凉》。他在视频里红着眼睛说自己的太太去世了。这首词是纳兰性德写来追忆亡妻的，里面有一句“当时只道是寻常”。戴建业老师说直到自己的太太去世，他才真正读懂这首词，才真正明白“当时只道是寻常”这句话有多重。难道一个一辈子研究诗词的学者不知道这首词的意思和艺术魅力吗？在我看来，以前他只是“知道”，而当他有了和纳兰性德一样的经历和心境时，才是“悟到”。

由此可见，读书是需要阅历的。所以杨绛说过，年轻的时候以为不读书不足以了解人生，直到后来才发现，如果不了解人生，是读不懂书的。读书的意义大概就是用生活所感去读书，用读书所得去生活吧。我们需要读更多的书，经历更多的事，勤于观察和思考，才能慢慢提升“悟到”的能力。

马斯洛在《动机与人格》中，除了提出生理需求、安全需求、爱与归属需求、自尊需求、自我实现需求五个需求层次，还阐述了不能被简单放进梯次里的认知需求和审美需求。我认为洞见时刻就是对认知需求的深度满足，就如《动机与人格》中所阐述的：“满足认知冲动能够使人主观上有满意感，并且产生终极体验（end-experience）。虽然人们注重所得的成果、收获等，忽视洞察（insight）和理解的这一方面，然而不可否认的事实是，在任何人的生活中，洞察常常是一个令人感到欢快、幸福、激动的时刻，甚至可能是人一生中的一个高峰时刻。”

在阅读中经历过许多“洞见时刻”的人，一定会对阅读欲罢不能，因为这实在是一种朴素的、极致的快乐，人世间的其他快乐很少可以和这种由深层次的洞见带来的快乐相提并论。我上大学时最喜欢的一本书是尼采（Nietzsche）的《快乐的知识》，那会儿刚上大学，我有一种从内到外全部推倒重建的冲动和渴望，那时觉得自己像一张白纸，对于世界、人生、自我和知识等都没有明确的见解或主张，急需做全盘的思考，形成一些定见。我在这样的状态下遇到叛逆的尼采，如同鱼找到了水。而且这本书是一本语录式的小书，没有《查拉图斯特拉如是说》之类的著作那么难，以我那时的理解力是能够通读的。我黑漆漆的思考世界，在这本书的启发下，变成了一片星空，我对许多事做了思考，得出了许多至今仍然影响我人生观和价值观的结论，此前我的思维从未如此活跃过，我也从未如此彻底地体会过思考的快乐。我至今仍然记得读这本书时，我进入一种狂喜的状态，不断地感到茅塞顿开，密集地经历洞见时刻，从读这本书到现在已经过去十多年了，我再也没有经历过比那时更快乐的时刻。

（8）情绪感受

万能读书笔记模板的第八个要素是：情绪感受。在我的读书训练营里，学员很容易弄混情绪感受和洞见时刻。我在这里多说一句，这种混淆主要是因为大家平时读完书谈收获时，只把收获笼统地称为“读后感”，而不做分类。而正是因为大家不做清晰的分类，所以才常常不知道如何展开思考，谈个人见解也比较吃力。万能读书笔记模板的妙处就在于，把书籍要点和个人思考要点分为清晰的九类，一个擅长阅读和思考的人，无论他是有意识的还是没意识的，他所提的见解都包含在这九个要素中。只要理清这九个要素，人人都能做到深度内化。

洞见时刻是指认知层次的自我突破和自我超越，情绪感受则是指喜、怒、忧、思、悲、恐、惊。人不同于动物的一点是我们有非常复杂的情绪，很多时候我们对人生的思考都是由情绪触发的。情绪可以成为非常好的思考起点，追问情绪来源，是思考的重要入口。

我在读《了不起的盖茨比》时，读到盖茨比的爸爸来参加盖茨比的葬礼，拿出盖茨比少年时期所写的作息表（见图 1-3）给尼克看，这张作息表让我瞬间“破防”，趴在桌子上痛哭。读了这么多年的书，我有过许多次默默流泪的经历，但还是第一次完全情绪失控、放声大哭。

起床——6：00
哑铃锻炼和爬墙练习——6：15—6：30
研究电学等——7：15—8：15
工作——8：30—16：30
棒球和其他运动——16：30—17：00
练习演讲和社交礼仪——17：00—18：00
研究有用的新发明——19：00—21：00

总体目标
绝不浪费时间去沙福特家
绝不吸卷烟或者嚼烟叶
每两日洗一次澡
每周读一本有益的书或者杂志
每周储存三块钱
更加孝顺父母

图 1-3　盖茨比少年时期所写的作息表

我为什么痛哭呢？他的作息表让我想到自己，我和他一样，每周制订周计划，每天列出日计划，为了实现目标，过上自己想要的生活，我片刻不敢懈怠。对我这样的人来说，浪费时间是可耻的，甚至休息都会让我感到愧疚。我不知疲倦地鞭策自己，相信穷孩子严于律己、努力学习、发奋向上就可以实现梦想。

但是有的时候我真的感觉好累，可是我不敢停，不敢懈怠。《了不起的盖茨比》中的黛西和汤姆一出生就拥有一切，他们可以游戏人间，人生总有人兜底。与他们相比，我是没有伞的孩子，下雨的时候必须努力奔跑。我常常想，如果我当初没有考上县重点高中，大概率会在那时就辍学打工。回想来时的路，我常常心有余悸，因为只要有一关我没过，我都需要付出巨大的人生代价，可能会被引向另外一条截然不同的人生道路。我之所以哭，是因为物伤其类，我就是盖茨比，这个世界上还有许许多多的盖茨比，看到作息表的那一刻，我对这个虚构的人物感同身受，所有的情绪和感受在这时全部奔涌出来。

这就是万能读书笔记模板的第七个要素：情绪感受。这些鲜活的情绪和感受是思考的绝佳入口，大家在读书的过程中要注意捕捉自己的情绪感受，尤其是那些强烈的情绪感受。

（9）行动灵感

在媒介领域有一本很重要的书——尼尔·波兹曼（Neil Postman）的《娱乐至死》，这本书精准描述了一种愈演愈烈的趋势：电视和网络媒介彻底改变了公众话语的内容和意义，各个领域的内容都日渐以娱乐的方式出现，并成为一种文化精神，人类心甘情愿成为娱乐的附庸，沦为娱乐至死的物种。

那我们该怎么办？《娱乐至死》里有一个词叫“信息—行

动比”，是指信息影响个人决策、改变个人行为的比重。我们该怎么判断什么是“电子鸦片”和垃圾信息，什么是有用、有价值的信息呢？答案就是看“信息—行动比”。信息的重要性在于它能促成某种行动，比如让我们做出更明智的决定，让我们决定采取原本不准备采取的行动，或让我们更了解需要解决的问题。“电子鸦片”只有娱乐功能，而有用、有价值的信息会促成某种行动。“信息—行动比”，就是判断信息质量的标准。

在娱乐至死的时代，有两件事很重要。第一，选择“信息—行动比”高的信息。我们要有意识地筛选信息源，构建高质量的信息环境，珍视自己的注意力资源，不让自己不知不觉沦为娱乐的附庸。第二，通过追问行动，更大程度发挥信息的价值。很多人读了很多书，学了很多东西，可是生活却没有任何改变，就是因为他们所接触信息的“信息—行动比”太低了。

我们如何把读的书转化为能力呢？答案就是将其转化为具体的、可落地的行动或指导行动的原则。万能读书笔记模板的第九个要素是：行动灵感。我们在读书的过程要有意识地记录自己的行动灵感，读到某个地方、觉得有启发时，就需要思考一下是否可以将这个启发转化为某种行动。就像阅读我这本书时，大家绝对不能感慨一下“哇，原来是这样啊，好有道理”

后就结束了，而要认真去想，如何运用从这本书里学到的方法改造自己的阅读流程，以达到更好的阅读效果。如果大家读完这本书，还是采用原来的方法读书，那就白读了。

到这里，我已经把万能读书笔记模板九要素：阅读动机、核心概念（核心人物和核心情节）、金句收集、故事案例、联想发散、任何疑问、洞见时刻、情绪感受、行动灵感全部讲完了。需要注意的是，九个要素之间并不是完全泾渭分明、井水不犯河水的关系，而是一个整体，金句可能引发联想发散，可能带来一个洞见时刻，洞见时刻可能带来行动灵感，随着思考的深入，它们之间常常可以互相转化。

联想发散、任何疑问、洞见时刻、情绪感受、行动灵感这五个要素，对应的是阅读过程中的个人思考。对于这一点，我在“吸血鬼读书法训练营”的很多学员身上发现一个常见的误区：把阅读过程中的个人思考当成分心。有个学员的原话是这样的：“记下看书过程中的想法这一点有点颠覆我原来的认知，我以前会把看到一段内容后想到其他内容当作‘走神’，然后强迫自己回到书上。我想等看完书后再记想法，但是看完后就什么也想不起来了。天哪！我到底扼杀了多少洞见时刻和行动灵感啊！”

为什么他们会有这样的想法呢？因为他们把阅读书籍的数

量当成阅读成果。读书的数量多，就等于收获多吗？真的不一定。如果大家囫囵吞枣、蜻蜓点水地阅读，那读了等于白读，这种快没有意义，反而是在浪费时间。真正的阅读成果是书对我们的影响和改变，而不是读书的数量这个虚荣的指标。大家要想明白什么是阅读成果，一定要明白阅读量、思考量、行动量和改变量的关系。它们的关系如图 1-4 所示。

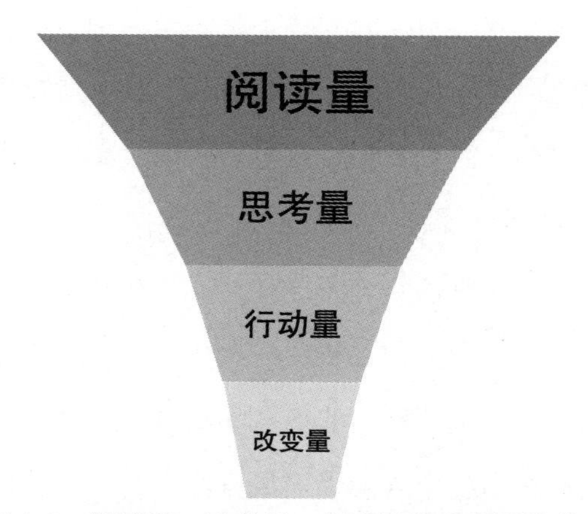

图 1-4 阅读量、思考量、行动量和改变量的关系

我们的大脑并不是网盘，不能通过扫描一遍就复制书籍的内容，也不能依靠机械的记忆和复述就消化书籍的内容，我们需要经过深入思考才能完成内化。图 1-4 的形状像一个漏斗，越往下漏斗的孔径越小，阅读量中只有一部分能转化为思考量，思考量中只有一部分能转化为行动量，行动量中的有效部分才能转化为改变量，而这个改变量才是我们真正的阅读成果。所以在阅读过程中，思考和行动是比阅读多少页书更重要的存在。

2. 怎么用万能读书笔记模板

那大家该怎么使用万能读书笔记模板呢？具体如图 1-5、图 1-6 所示。

图 1-5　万能读书笔记模板的使用效果（1）

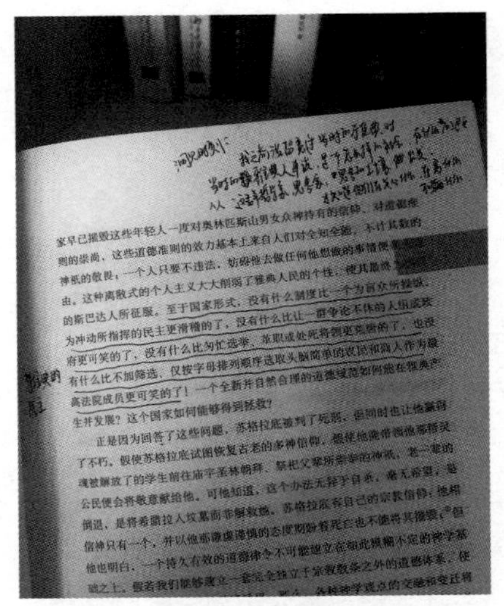

家早已摧毁这些年轻人一度对奥林匹斯山男女众神持有的信仰，对道德准
则的崇尚，这些道德准则的效力基本上来自人们对全知全能、不计其数的
神祇的敬畏，一个人只要不违法，妨碍他去做任何他想做的事情便[illegible]
由。这种离散式的个人主义大大削弱了雅典人民的个性，使其最终[illegible]
的斯巴达人所征服。至于国家形式，没有什么制度比一个为盲众所操纵、
为冲动所指挥的民主更滑稽的了，没有什么比让一群争论不休的人组成政
府更可笑的了，没有什么比匆忙选举、革职或处死将领更荒唐的了，也没
有什么比不加筛选、仅按字母排列顺序选取头脑简单的农民和商人作为最
高法院成员更可笑的了！一个全新并自然合理的道德规范如何能在雅典产
生并发展？这个国家如何能够得到拯救？

正是因为回答了这些问题，苏格拉底被判了死刑，但同时也让他赢得
了不朽。假使苏格拉底试图恢复古老的多神信仰，假使他能带领[illegible]灵
魂被解放了的学生前往庙宇圣林朝拜，祭祀父辈所崇拜的神祇，老一辈的
公民便会将敬意献给他。可他知道，这个办法无异于自杀，毫无希望，是
倒退，是将希腊拉入坟墓而非解救他。苏格拉底有自己的宗教信仰：他相
信神只有一个，并以他那谦虚谨慎的态度期盼着死亡也不能将其摧毁；但
他也明白，一个持久有效的道德律令不可能建立在如此模糊不定的神学基
础之上。假若我们能够建立一套完全独立于宗教教条之外的道德体系，使
[illegible]各种神学观点的交替和变迁将

图 1-6　万能读书笔记模板的使用效果（2）

（1）做一个书签

大家刚开始使用万能读书笔记模板时一定会不习惯。我建议大家把万能读书笔记模板做成一个书签，读书的时候随时都能看到，等刻意训练一段时间后，万能读书笔记模板就会变成大家读书的本能。

（2）把书当成笔记本

万能读书笔记模板是用来精读一本书的，大家要从头到尾把书读一遍。请把书当成笔记本，直接在书上画线、圈关键词、给多个要点标序号，可以用彩色的记号笔标注关键词，还可以打一个问号来表示疑问，画一个小星星来表示重点。如果大家在阅读过程中有联想发散、任何疑问、洞见时刻、情绪感受，都可以将其写在书的空白处。

大家不要怕把书变脏了。书特别干净，一个笔记都没有，不是对书的爱惜，掌握一本书的内容，和这本书有很多互动和交流，碰撞出火花，真正受它影响，才是对书和作者才智的珍惜。在书上做笔记，是在对信息和知识进行加工，是在和作者进行深度的交流。李敖以博闻强记、旁征博引、精于读书著称，他说自己的读书秘诀就是“心狠手辣”，他在读书时，手边会备着剪刀、美工刀，看到某页或某段有自己需要的资料，就把它切下来；书背面如有需要的内容，就把背面影印出来，再把需要的部分切下来；或者一开始就买两本书，切下两面需要的资料。他看完一本书，这本书就被五马分尸、大卸八块了。其实阅读一本书的最高境界就是这本书的精华已经融为我们认知的一部分，我们不再需要物品形态的书了。我们不用学李敖那么狠，我举这个例子，是想让大家明白，书作为一个物品，本身并不值钱，真正爱书之人，不会为物所役。

有的人会选择用其他笔记本来做笔记，但这种方式的效率非常低。书和笔记分离，笔记和语境分离，远远不如在书上直接做笔记的效果好。如果在书上直接做笔记，大家第二遍读书时重点是一目了然的，曾经在哪里被触动，曾经对哪个部分感到困惑，这些都是清清楚楚的，整个过程好像跟一个老朋友见面。如果书上什么都没有，大家第二遍读书时会觉得在读一本新书。

对于书上的笔记，大家可以用索引贴标示重点部分，在索引贴上写上关键词，把索引贴按颜色分类，每个颜色代表万能读书笔记模板的一个要素。大家可以在阅读过程中贴，也可以在阅读后回顾笔记时贴。

（3）第一遍读书时不要带着记忆的任务去读

第一遍读书的任务就是找出万能读书笔记模板九要素，大家要一头扎进书里，和书籍充分地互动，被书籍充分地触发，沉浸式地阅读和思考，放弃“我要记住”这个目标。

该怎么克服“我会忘记”的焦虑呢？首先，大家要明白，放慢速度，“五里一徘徊”，同样记不住，因为短时间内重复多次所形成的还是瞬时记忆，它的保留时间很短。其次，索引贴可以帮助克服遗忘的焦虑，大家在阅读过程中，无非就是怕两件事，第一怕忘记，第二怕找不到。大家可以把索引贴贴在那些自己觉得非常重要、以后需要查找的地方，然后把关键词写在索引贴上。最后，大家可以用带有索引功能的思维导图笔记来克服遗忘，在我的笔记设计里，记忆主要是由第二层次的读书笔记：全局概览的笔记来担纲主力的。

（二）第二层次的读书笔记：全局概览的笔记

做全局概览的笔记需要用到的工具是：思维导图笔记。

1. 思维导图笔记的三个作用

用万能读书笔记模板把书读一遍后，我们找到的核心概念、金句、故事案例，或我们自己的联想发散、疑问、洞见时刻等，都是零散的，只见树木，不见树林。

我在前面说过，理解一本书要实现两个层次的理解，只理解局部的细节是不够的，还要实现对书籍底层架构的理解。我们至少要搞清楚：作者的写作目的是什么？为了达到这个写作目的，他从哪几个方面进行阐述？不同部分之间有什么关系？这是完全不同的理解层次。

有人可能会说，目录就是书的骨架结构，看目录不就行了吗？从理论上来说，这是可行的，尤其对于简单的书。但以我的阅读经验来说，对于陌生感强、主题和思想相对复杂的内容，在不够熟悉目录中的关键词和关键句的背后含义的情况下，我们很难仅凭目录就掌握书籍的逻辑结构。

那该怎么办呢？我们可以借助工具。单凭脑力，我们很难算出 1765 乘以 2345 的结果，但拿到纸和笔，按照一定的步骤，基本都能算出来，这就是工具的力量。在理解整本书的底层架构这件事上，思维导图笔记是绝佳的工具。我们单凭肉眼看不到藏在血肉之下的骨架，但 X 光机可以，我们无法一眼看出藏在文字之下的逻辑结构，思维导图笔记就是我们的 X 光机。这就是思维导图笔记不可或缺的最重要原因。思维导图笔记需要起到以下三个作用。

第一，全局概览的作用，帮助理解、内化和吸收书籍的底层架构。

我们在做思维导图笔记时，首先用关键词、关键句拉出书籍的主框架，基本遵循作者原意按照并列、递进、因果等关系整理要点，把内隐的、不可见的逻辑结构整理成外化的、清晰可见的逻辑框架；然后把万能读书笔记模板九要素以分支的形式融入逻辑框架；最后得到一个既包含书籍要点，又包括个人思考要点，同时能清晰展示重点之间关系的知识地图。

我们在逐页阅读时，之所以容易迷失在文字的海洋里，就是因为要点或知识板块之间的距离很远，要点 1 和要点 2 之间可能间隔了 10 页，知识板块 1 和知识板块 4 之间可能间隔了 100 页，我们的注意力容量和工作记忆容量又很有限，很难把要点或知识板块放在一起思考。但有了这份知识地图，我们就可以把要点和知识板块全部放在一张纸上，很容易看清一本书一共有多少个要点和知识板块，各个要点和知识板块之间是什么关系，挖出内隐在文字海洋中的骨架结构，进而深度理解、内化和吸收书籍的底层架构。

第二，简化信息，减轻记忆负担，提高记忆效率。

思维导图笔记是用关键词和关键句把一本书的精华浓缩在一张纸上，我们记住一张纸的内容，比记住一本书的内容容易多了。很多人在提取关键词时，有一种心理障碍，觉得关键词和关键句不足以帮助记忆，它们缺失太多信息，所以在做笔记时，不成段地抄写就没有安全感。

对于这一点，思维导图的发明者东尼·博赞（Tony Buzan）是这么说的："人们记忆的主体是某些关键概念特征的组合。它并不是人们通常认为的记忆是一种逐字逐句再现的过程。当人们讲述看过的一本书或描述曾去过的一个地方时，他们并不是在记忆中重现一切，而是用一些关键的词概括主要人物、环境、情节，并且增添一些描述性的细节。同样地，单个的关键词或词组也会激发全部的经历与感受，如看到‘孩子’这个词，想想会有哪些图像进入你的头脑。”

“我们往往都太习惯‘说出’和‘记录’完整的语句，以至于认为这种句子结构是记忆言语形象和思想的最佳方式。”

大家现在停下来，试着回忆任意一本读过的书，脑海里首先浮现的是什么呢？内容是逐字、逐句、逐段出现的吗？一定不是的。我们脑海里首先出现的是关键词和关键句，然后围绕这些关键词和关键句进行联想发散，去补充细节和前因后果。我们回忆《小王子》时，脑海里先出现的是小王子、玫瑰花、狐狸这些形象，然后想起这些形象之间的关系、发生的故事，以及自己曾经的阅读感受。我们都是围绕这些关键形象（关键词），去补充细节和前因后果的。

第三，全局索引的作用。

第一层次的读书笔记是把书读厚；第二层次的读书笔记是把书读薄，但也留下了两个隐患。

隐患一：时间一久，关键词和关键句不能像最初一样激起充分的回忆。

隐患二：思维导图笔记需要简明扼要，但一张纸的容量毕竟有限，涵盖不了太多具体的细节。

当我们想要更具体的细节时该怎么办呢？我的解决方案是：

在关键词和关键句后面写上纸质书的页码；如果大家看的是电子书，就原封不动地保留关键词和关键句，后续可以通过全文搜索获取具体的细节。

如此一来，思维导图笔记就变成了一个全局索引系统，当我们需要调用细节或需要重新理解时，完全可以快速翻到原书的某一处进行局部细读。无论后续我们如何筛选和提炼信息，我们的笔记都不会脱离上下文的语境。

2. 做思维导图笔记的步骤

那我们怎么做一本书的思维导图笔记呢？我把这个过程概括为以下四个步骤。通过这四个步骤，我们可以做出如图 1-7 所示的思维导图笔记。

第一步：准备一张白纸横向放，把书名写在正中间。

白纸至少有 A4 纸那么大，B4 纸更佳，因为 B4 纸被对折两次后，可以被夹进大部分的书里；在纸张上，我推荐韧而不透的道林纸。为什么要把书名写在正中间？思维导图笔记最终的呈现效果是“放射状的八爪鱼”，其最妙的地方，就在于模拟了我们大脑的真实思考过程。作者写一本书时，就是从一个主题出发对外发散，思考围绕这个主题最重要的 3 ～ 7 个大方面

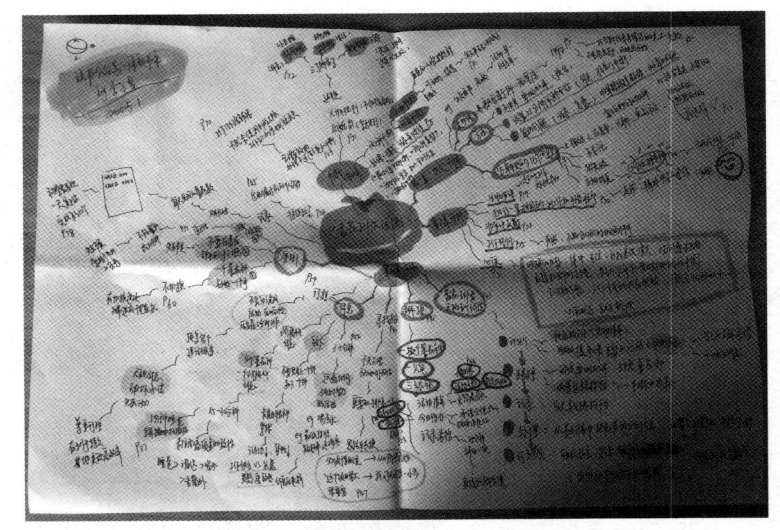

图 1-7 《番茄工作法图解》的思维导图笔记

是什么，然后针对每个大方面再对外发散其他小方面。所以用从中心向四周层层发散的思路来做思维导图笔记，最能回溯和复原作者的思考过程。

第二步：把章节名作为一级分支。

对于论述类书籍，一级分支一般就是章节名。在这个基础上，如果大家对某个章节不感兴趣或已经很熟悉了，就删掉或简略记录它；如果觉得某几个章节的内容主题相近，就把它们合并；如果大家觉得用自己的逻辑来概括一级分支会更清晰，可以使用自己的分类逻辑。我们还会经常遇到一种情况，章节的逻辑线索不清晰，这时依然把章节名作为一级分支，等绘制完思维导图笔记后，获得了鸟瞰视角，我们就可以整理出逻辑结构了。对于小说，我建议把作者及背景资料、主要人物、主要情节这三大部分作为一级分支。

第三步：提取关键词和关键句，梳理逻辑结构，依次绘制分支。

到这一步，真正的工作才开始。我们需要再看一遍书，但第二遍看书不是像第一遍一样从头到尾、逐字逐句地读，而是跳读，只读第一遍看书时标注和做笔记的部分，也就是第一遍阅读时产生的金句、故事案例、洞见时刻、行动灵感等万能读书笔记模板九要素。我们要从中进一步筛选重点和精华，提取关键词和关键句，梳理出关键词和关键句之间的逻辑关系并绘制分支。在绘制分支时，我们要在每个关键词和关键句旁边附上页码，这是为了便于后期检索。我们刚开始可能会有点不习惯，但坚持一段时间后这种行为就会变成一种本能。如果你看的是电子书，就不用写页码了，只要你记录的是原生关键词，需要用时直接搜索即可。

这一步的难点是提取关键词和关键句。我们既不能抄写大段文字，又不能记得太简要，导致笔记无法还原主要思想。这让很多人产生畏难情绪，不敢下笔，觉得自己找不准关键词和关键句。请放轻松，即使无法立刻找到能高度浓缩信息的关键词和关键句也无妨，三种层次的读书笔记就如同三个筛子，第一层次的读书笔记从书上筛信息，第二层次的读书笔记从第一层次的读书笔记上筛信息，第三层次的读书笔记从第二层次的读书笔记上筛信息，大家只要听话照做，一定能找出关键词和关键句。提取关键词和关键句的能力也会在这个过程中变得越来越强。请别着急，允许自己有一个笨拙的、费劲的阶段，这是能力发展的必经过程。

关键词和关键句其实分为两种。第一种是能高度浓缩信息的关键词和关键句，比如“心流”之于《心流：最优体验心理学》，又如“梦是潜意识中愿望的实现”之于《梦的解析》。第二种是特别触动我们的词语和句子，对我们来说，它们也属于关键词和关键句。我在读《做二休五》时，被作者每周工作两天、休息五天，简单、清贫但从容的生活所触动。于是我记下了“用这个‘现在不马上做什么也可以’的节奏生活”“每天都能轻轻浅笑着过生活”“缓缓流逝的做早餐的时光”这样的词语和句子。这些词语和句子也属于我的关键词和关键句。

我们在这个环节还要注意一点：按顺序依次绘制分支，即做完第一章的笔记再做第二章的笔记。因为一本书的重点可能并不是均匀分布的，而且做思维导图笔记是一个很费时间的过程，原则上我不建议打草稿，所以我们没办法提前准确地预留出每一章笔记的位置。

第四步：画图上色。

我建议大家用马克笔来画图和上色。发明思维导图的东尼·博赞建议我们在做思维导图时，把图像和颜色贯穿始终。但我在做思维导图笔记时却发现，我基本不会画画，对画画的兴趣也不大，在读复杂、抽象的书籍时，很难把联想到的形象画出来，我的替代方案是直接用文字来表示。

例如，我读到《论语·为政篇第二》的“非其鬼而祭之，谄也。见义不为，无勇也”时，马上联想到电视剧《人民的名义》中的名场面——祁同伟哭坟，他极尽谄媚，接着我又联想到校园霸凌的旁观者，他们默不作声，代表了懦弱。如果后续在做思维导图笔记时遇到类似“谄媚”“懦弱”的情况，我会直接写“祁同伟哭坟”“校园霸凌”。一个思维活跃的阅读者，虽然看的是文字，但脑海里会闪过各种形象、画面和场景。不会画是我个人能力的短板，我用文字代替了图像，效果也挺不错的。如果大家会画，我建议把要点和逻辑结构图像化。感兴趣的同学，可以延伸学习视觉笔记，市面上已经有很多课程和书籍。

画画有门槛，但上色是没有门槛的。很多人误以为上色的作用只是简单的装饰，所以很轻视这个环节，经常直接跳过。我每年做几十张思维导图笔记，已经做了12年，早就删掉了许多无用和冗余的东西。但我做思维导图笔记时，非常重视上色，因为上色有两个极为实用的作用。

第一，强化记忆，愉悦眼球。大家可以做一个实验，把手机设置成黑白屏模式，所有的App和照片等都会失去色彩，我当时想用这个办法减少玩手机的次数，果然玩一会儿就想把它扔到一边去。我们的大脑就是这么喜欢颜色，给思维导图笔记上色是投大脑所好。为什么许多人都不想回头看看自己做的笔记？一个很重要的原因就在这里。

第二，帮助整理书籍的逻辑结构。做一本书的思维导图笔记是一个费时间的工作，原则上我不建议打草稿。那么很多时候我们画出来的思维导图笔记看起来是比较乱的，这个时候我们就可以通过上色把内容整体复习一遍，梳理出书籍的逻辑结构。

做思维导图笔记的过程就是理解、内化和吸收的过程，我们必须从整体思考某个内容为什么出现这个分支，而不是另一个分支，它和其他内容是什么关系，进而梳理出总分、并列、递进、因果等关系。上色就是设计自己的颜色编码系统，把逻辑结构可视化。我们可以用同一个颜色涂抹并列的内容，用同色系、深浅不同的颜色涂抹递进的内容，用自己最喜欢的颜色涂抹金句，用箭头和线连接两个可以合并的内容，可以画一个灯泡或星星来表示洞见时刻，用表情符号来表示情绪感受，用流程图来表示步骤……

我们采用的是“开卷考试法”，即边翻书边做思维导图笔记。更高阶、更难，但效果更好的方法是“闭卷考试法”，即采用事后回忆的方式做思维导图笔记。樊登就采用这种“闭卷考试法”，他在读完一本书后会间隔一周左右再绘制思维导图。事后回忆有两个好处：用记忆和遗忘来帮我们筛选信息，因为令我们印象深刻的内容才是真正的重点；事后回忆还是更高程度的内化，回忆某部分内容的难度越大，我们对这部分内容的记忆就越牢固。

3．做思维导图笔记的注意事项

做思维导图笔记还有以下七个注意事项。

（1）忌空洞、流于表面和形式化。用思维导图做读书笔记并不新鲜，但很多人做出来的却是无效的笔记。最常见的误区就是：流于表面，机械地把目录中的标题导图化。目录中的标题是重要的逻辑提示，但只能辅助我们挖出一本书的逻辑结构，大家还是要亲自扎进细节，再抽身俯瞰，这样梳理出的逻辑结构才是自己真正理解和内化的结构。

（2）思维导图笔记不仅是书籍的要点地图，还是个人思考精华的地图。第二层次的读书笔记的重要任务就是回顾和整理万能读书笔记模板九要素。大家必须把九个要素填充到思维导图笔记中，其中情绪感受、洞见时刻、任何疑问、联想发散、行动灵感属于个人思考。我建议大家用黑笔记下书籍的要点，用红笔或蓝笔记下自己的思考精华。

（3）以知识和作者为中心或以自我为本位来做思维导图笔记。大家除了必须把万能读书笔记模板九要素写进思维导图笔记，对于其他内容的取舍有两种思路：第一种思路是以知识和作者为中心，完全遵循作者的写作逻辑，亦步亦趋地挖出书籍的逻辑结构；第二种思路是以自我为本位，只记录对自己特别有启发的要点，然后从这些要点出发，理解它们在整本书中的位置，进而理解整本书的逻辑结构。

这两种思路没有绝对的对和错，如果大家在备考、做学术研究，或对某个作者、某本书极为重视时，可以采用第一种思路。但如果是自由阅读，我更鼓励大家大胆地尝试第二种思路，把对自己特别有启发的要点写进思维导图笔记。

（4）能用关键词就用关键词，但忌信息太简化。很多书籍往往信息密度大，思想复杂度高，我们无法用 2 ~ 4 个字的关键词来做思维导图笔记，那就用上关键句，甚至引入少量关键段落。例如，我会把特别重要的金句也抄进思维导图笔记，那些能叩开我心门的金句，会让我联想到很多东西，会打开我的思考开关，也会唤起鲜活的记忆。

如果一张纸容纳不了全部笔记怎么办？大家可以酌情考虑使用两张纸、三张纸，甚至更多。虽然从原则上说思维导图笔记越简单扼要越好，但是有的时候大家遇到篇幅特别长、新知密度特别大的书籍，用一张纸做不完思维导图笔记时，完全可以酌情增加纸张数量。甚至如果大家遇到知识容量特别大的书籍，可以逐章做思维导图笔记，最后再用一张纸做一份更简明扼要的全局思维导图笔记。大家可以根据具体的情况灵活调整。

（5）试试手绘版思维导图笔记。思维导图笔记分为手绘版和电子版两种，我更推荐前者。因为一张纸能收录的信息是有限的，大家在做手绘版思维导图笔记时，可以锻炼提取重点的能力，对信息的再加工程度也更深。手绘版思维导图笔记也更方便携带和复习。电子版思维导图笔记的缺点是调用麻烦。当然，大家可以根据自己的习惯选择工具。

（6）不要把太多心思放在做得好不好看上而不敢下笔，只要自己能看懂就行了。思维导图笔记是为了帮助大家消化这本书的内容，能随时起到帮助快速复习和重点索引的作用，这一点才是最重要的。除非你想依靠思维导图笔记建立个人品牌，否则它的展示作用是最不重要的。如果大家每次都想画得很完美，不仅会浪费很多时间，还会导致自己产生畏惧心理。大家做得随意和轻松一点，才能坚持下去。

（7）做思维导图笔记所花的时间比第一遍读书花的时间还长，是很正常的。经常有训练营的学员问我应该花多少时间来做思维导图笔记，大家好像默认做思维导图笔记应该是一件很快的事，花费一两个小时就行。大家都很着急，急着去读下一本书，急着增加数量成就，不愿意在一本书上多做停留。但实际情况是：遇到有理解门槛的书时，我有时会花费比第一遍读书更长的时间来做思维导图笔记。做思维导图笔记的过程是一个深度理解的过程，就像骆驼反刍，大家常常需要停下来反复琢磨。

花这个时间值不值得，看大家如何定义“读完一本书”。是囫囵吞枣地把书从头到尾读一遍，完全不理会理解程度和吸收率算读完一本书呢，还是深度理解和内化后才算读完一本书呢？大家必须看清楚对读书而言什么是真正重要的东西，什么只是虚荣的指标。

4. 如何使用思维导图笔记

那大家做完思维导图笔记后该怎么使用它呢？答案是把它夹在书里。我的原则是：书和笔记不分离，定期复习。在记忆领域有一个非常著名的艾宾浩斯遗忘曲线（见图1-8），即人们记住一个东西后，20分钟后会遗忘42%，一小时后会遗忘56%，一天后会遗忘74%，一周后会遗忘77%，一个月后会遗忘79%。

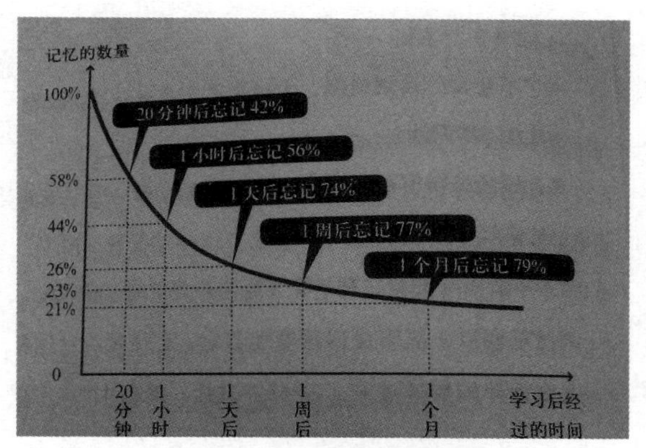

图1-8　艾宾浩斯遗忘曲线

艾宾浩斯遗忘曲线带来一个坏消息和一个好消息。坏消息是：我们是正常人，注定要和遗忘进行斗争，不要把它当成一种失败，认定自己的记忆力很差。好消息是：虽然我们记一遍记不住，但可以选择重复记忆，通过复习把短时记忆转化成长时记忆。

但是这里的“重复”不是指短时间内的机械式重复。我们要根据遗忘规律来复习，复习的时机非常重要。请注意几个非常好的复习时机。第一个复习时机是做好思维导图笔记当天的睡觉前，大家拿出一点时间，看着笔记内容，尤其是关键词和关键句，用自己的话把它们串起来，停顿时就翻看原书加深理解。人的睡眠过程非常奇妙，当我们的身体进入休息状态后，潜意识依然在自动加工和处理睡觉前所接收的信息，从而帮助我们加深对信息的理解和记忆。第二个复习时机是在做完思维导图笔记的一天后。一天后是一个遗忘高峰，我们会遗忘 74% 的内容，之后遗忘速度会变得平缓，在这个时间节点复习可以让记忆量维持在比较高的水平。第三个复习时机是一周后。第四个复习时机是一个月后。以后只要偶尔花点时间，稍微回顾一下，我们就能保持长时记忆。

但盯着周期复习也有不足之处，当我们复习多本书时实操会比较困难，所以我的建议是把复习过程融入读书流程：做思维导图笔记时复习一遍；隔天给思维导图笔记上色时复习一遍；写读书文章前把思维导图笔记复习一遍，写读书文章的过程中再抽出局部进行细读；以后需要调用的时候再把思维导图笔记抽出来复习一遍。按照这个读书流程复习，我们至少复习了四遍。

可能有人会觉得这样复习太麻烦了。其实复习思维导图笔记只需花费很少的时间，随着我们对内容越来越熟悉，所花的时间会越来越少。记住一本书比较难，但记住一张纸岂不是容易得多吗？如果我们只顾着学习新的东西，虽然起初会领先，但很快就会遗忘，最终是“竹篮打水一场空”。而且记忆有一个很奇妙的地方，一旦我们脑海里有某个领域的知识储备，那么理解和接受新的信息就会越来越容易，越来越得心应手，在我们建立了知识体系后，记忆就更简单了。

以上就是第二层次的读书笔记的全部内容，第二层次的读书笔记是全局概览的笔记，需要用到的工具是：思维导图笔记。

（三）第三层次的读书笔记：结构内化的笔记

1. 第三层次的读书笔记的必要性

第三层次的读书笔记是结构内化的笔记，它包括独立思考和个人见解，要用到的工具是读书文章。我们做完局部碎片化的笔记和全局概览的笔记，是不是就可以了呢？答案是还不够，我们还需要进一步思考许多东西。

如果用万能读书笔记模板来读书是从菜市场里买菜，挑选要用的食材，那么做思维导图笔记就是把买回来的菜择好、洗好、切好、分门别类地放好，把要用的食材准备好。而写读书文章就是最终把这些食材加工成一道美味的菜肴。

我们需要找到书籍与我们自身的关系，需要总结出能让生活变得更好、更有意义的智慧，需要基于这些智慧对自己的人生做出宏观或微观的调整。如果我们能用自己的话重组某本书的内容，才算完成对这本书的逻辑结构的理解和内化。

写读书文章有以下四个不可替代的作用。

第一，逼着我们进行深度思考。

写作是最好的思考方式，写作不仅能记录想法，还能帮助我们发现和澄清想法。在写作的过程中，混乱的想法会慢慢变得明晰，新的想法会涌现，分散的想法会聚拢。为什么人们总把阅读和“思考”“写作”放在一起，因为它们是不能被分家的。不阅读，思考和写作一定贫瘠干瘪；不思考，阅读就是过眼而不入心。没有思考透的东西，我们绝对写不清楚。我的许多观点都是在写作的过程中获得的。

第二，逼着我们用自己的话来复述，从而达到深度内化和高效记忆的效果。

为什么我要强调用自己的话呢？因为“中译中”是理解和记忆的捷径。从表面上看，用作者的原话复述更方便，但每个人的语言系统、叙述风格和表达习惯都不一样，记原话意味着还要记作者的语言系统、叙述风格和表达习惯，反而导致我们记得很慢、很吃力。但是，将作者的原话翻译成自己的话，是对信息进行深加工的过程。如何判断自己真的理解了书中的内容，实现了内化呢？最直观的检验标准就是看我们能不能用自己的话来复述。

第三，逼着我们结构化地整理自己的收获。

所谓结构化表达，其实就是“串”，把零散的知识点按照一定的逻辑“串”成一个整体，形成体系。这也是检验我们对书籍掌握程度的一个标准。如果不写一篇读书文章，我们很少有机会结构化地整理一本书的重点。长期结构化地整理自己的收获有两个好处：第一个好处是让自己形成系统的、结构化的认知；第二个好处是训练逻辑。培根（**Bacon**）有一句名言：读书使人渊博，交谈使人机敏，写作使人严谨。

第四，逼着我们筛选出重点中的重点。

我们写读书文章的步骤一般是：把思维导图笔记复习一遍，从中筛选出对自己而言最重要、最有启发、最能产生真正影响的内容，将其放进读书文章。到目前为止，通过三种层次的读书笔记，我们对重点进行了三轮筛选：第一轮筛选是按照万能读书笔记模板从书上筛选；第二轮筛选是在第一轮筛选结果的基础上进行的，我们要梳理出重点之间的逻辑关系，并做思维导图笔记；第三轮筛选是从思维导图笔记中筛选出重点中的重点。

2. 如何写读书文章

只要一说写文章，很多人就开始头疼了，写什么呢？其实写作没有那么难，我们不需要文采斐然，所写的字数也没有限制，我们可以把它理解为一种自我对话，静下心来去回答下面几个问题。读这本书和不读这本书对我来说有什么区别？读完书我有什么变化？哪些收获让我觉得没有浪费时间？这个区别和变化，就是我们的收获。我们只有找到书籍和我们自身的关系，才能将书化为己用。下面是一个总结收获的公式。

> **旧的我（现阶段的障碍点、卡点，以及旧观念和方法带来的不良后果，要联想发散到具体的情境）+从书里或课程中得到的具体启发点（如金句、故事案例、核心概念等）=新的我（获得的新观念、新方法及可落地的行动）**

了解了写什么，那我们该如何写呢？所有的读书文章都是万能读书笔记模板九要素的排列组合。写读书文章有以下四个常见的方法。

第一个方法是清单式写法，提炼几个最打动我们的要点来写。

第二个方法是只抓一个最打动我们的要点来写。

第三个方法是提出一个我们关心的问题，然后用从书里学到的知识来完整回答这个问题。

第四个方法是结合新闻时事，用从书里学到的知识来解释当下的现象和问题。

大家在写读书文章之前，可以先把万能读书笔记模板九要素和思维导图笔记复习一遍，找出最能触动、启发、影响和帮助自己的要点，然后展开写作。（三种层次的读书笔记的运用需要实战演练，我提供一份学习资料供大家学习，请关注“深夜书桌”公众号，回复关键词“书单”，领取我的 193 篇读书文章合集及 18 份精选主题书单，本书提到的大部分书籍的详细解读都包含在内。）

五、精读流程和精读价值

这一节我主要总结一下精读一本书的流程和价值。精读流程如下。

第 1 步：在第一个空白页写下阅读动机。

第 2 步：通过速读判断这本书是否值得精读。培根有一句非常著名的读书箴言：有些书可以浅尝辄止，有些书是要生吞活剥，只有少数的书是需要咀嚼与消化的。三种层次的读书笔记就是咀嚼与消化一本书的方法，精读是非常花时间的，并不是所有的书都值得我们这样大费周章地精读。我们最好在精读前，用速读判断一本书是否值得精读。我会在第三章讲速读的方法。

第 3 步：用万能读书笔记模板从头到尾读一遍书，标记重点，记录想法。

第 4 步：第二遍读书，跳读之前标注的重点和记录的想法，用思维导图笔记做一份全局概览的笔记。

第 5 步：把思维导图笔记复习一遍，找出对自己启发最大的内容，把收获写成一篇读书文章。其实在这一步，我们也需要第三遍读书，在写读书文章的过程中，我们可能需要抽出书的局部进行细读。

第 6 步：定时复习，只复习思维导图笔记和读书文章就可以了，如有必要再抽出书的局部进行细读。对于非常经典的书，我们可以将其列入重读书单，隔一段时间再从头到尾精读一遍。

有人可能会说："天呐，这也太慢了吧，这样读书，我一年能读多少本书？"是的，精读很慢，精读是不计时间成本的阅读。可是我觉得，在不能保证吸收率的情况下，强调数量是没有意义的。一个人读完一本书没有收获，却急着去读下一本，就如同用漏斗装米，装得越多，漏得越多。当我开始静下心来精读后，就再也没有阅读量方面的焦虑了。当大家体会过读完每本书后那种“旧我碎裂、新我长出来”的美妙感觉，追求“读了多少本书”这件事就变得很可笑。

我想把朱光潜先生在《谈读书》里的一段话送给大家：“读书原为自己受用，多读不能算是荣誉，少读也不能算是羞耻。少读如果彻底，必能养成深思熟虑的习惯，涵泳优游，以至于变化气质；多读而不求甚解，则如驰骋十里洋场，虽珍奇满目，徒惹得心花意乱，空手而归。”

钱钟书先生说过，越是聪明人，越是要懂得下笨功夫。那真正的聪明人是怎么下笨功夫的呢？其实我们这三种层次的读书笔记，还不算是最高规格的精读，最高规格的精读是大文豪苏东坡读《汉书》的读法。苏东坡在被贬黄州时，有位朱姓官员仰慕他的才华学问，向他请教治学方法。苏东坡回答：吾尝读《汉书》矣，盖数过而始尽之，如治道、人物、官制、兵法、财货之类，每一过求一事，不待数过，而事已精窍矣。这句话的意思是，他在读《汉书》的时候，第一遍只读和治理之道有关的所有内容，第二遍专门研读其中的人物，第三遍专门学习设官的制度，第四遍只看兵法，第五遍只看与货物和财物有关的内容。他每次只读一个主题，多读几遍，就精通各个主题了。

这样读慢不慢呢？当然慢！但是苏东坡先生却认为：此虽迂钝，而他日学成，八面受敌，与涉猎者不可同日而语也。这也是我认为的精读价值：少就是多，慢就是快。

六、如何把读过的书焊在记忆里

其实对于“如何把读过的书焊在记忆里”这个问题，我在前面讲三种层次的读书笔记时已经把方法全部教给大家了，现在我把有关记忆的内容单独拎出来总结。

（1）投大脑所好，把信息加工成大脑容易记、喜欢记的样子。我们通过提取关键词和关键句来简化信息，大脑容易记住简单的信息；我们通过思维导图笔记梳理出一本书的逻辑结构，大脑容易记住有规律的信息；我们用自己的话来复述书籍要点和总结阅读收获，大脑更容易记住我们熟悉的语言系统、叙述风格和表达习惯；我们关注自己的情绪感受，因为情绪反应越强烈，大脑越容易记住对应的信息；我们关注书籍和我们自身的关系，大脑更愿意记住和自己有切实关系的信息；我们为思维导图笔记画图、上色，大脑更容易记住形象生动的信息……

（2）重视联想发散，联想发散是强力胶水，能把新的知识粘到旧的知识上。在上文，我强调了联想发散对记忆的帮助，它的效率可能比机械记忆的效率高1000倍，甚至10000倍，但大家对此并没有有效的认识。我曾经围绕记忆力提升做过一次小型的主题阅读，所阅读书籍的作者大部分都是在世界记忆锦标赛上获得“世界记忆大师”称号的人，如《记忆魔法师》的作者袁文魁。为什么记忆大师可以海量地、快速地、准确地记忆大量的信息？所有方法背后的强大原理只有两个字：联想。

不知道大家是否听过记忆宫殿？我们的大脑中有一个一个的房间，我们可以把信息存在房间里，需要时就在大脑中打开这个房间。这种方法运用的原理就是联想。那我们该怎么把信息装进房间呢？就是把信息和房间里的物品联系起来进行联想，熟悉的空间和物品就是记忆桩子，我们通过联想把信息拴在记忆桩子上，以便提取。

例如，我把我的书房作为记忆宫殿来记《论语·学而篇第一》，其中在记这句“道千乘之国，敬事而言，节用而爱人，使民以时”时，我使用的记忆桩子是小狗拼图。我觉得这只小狗很帅，在小狗王国肯定是国王，所以一看到它，我就会想起这句论语。记忆桩子还可以是我们的身体、数字等。例如，我给大家展示如何用5分钟按顺序准确、持久地记下《论语》的20个篇目。

第一步：把数字转化为具体的形象。

① 衣服。

② 耳朵。

③ 山。

④ F4。

⑤ 老虎（一二三四五，上山打老虎）。

⑥ 溜溜球。

⑦“死神”的镰刀。

⑧ 爸爸。

⑨ 酒。

⑩ 石头。

⑪“双 11”购物节。

⑫ 圣诞老人（圣诞节是 12 月 25 日）。

⑬ 西方不吉利的数字。

⑭ 医死（谐音）。

⑮ 鹦鹉。

⑯ 石榴。

⑰ 仪器。

⑱ 一巴掌。

⑲ 歌词“一九三七年哪，鬼子就进了中原”。

⑳ 饿死。

第二步：把数字的具体形象与需要记忆的信息进行一对一的联想和捆绑。

① 衣服——《学而篇第一》——古时候的学生去贡院赶考，天气很冷，他们要带很厚的衣服，我联想到电视剧《知否知否应是绿肥红瘦》里的场景。

② 耳朵——《为政篇第二》——“为政”让我想起领导的讲话，我要用耳朵去听。

③ 山——《八佾篇第三》——篇名是古代天子用的舞蹈规格，八个人为一行，一行是一佾，八佾就是八行，八八六十四人。古代人用舞蹈的形式祭祀山神。

④ F4——《里仁篇第四》——电视剧《我可能不会爱你》的男主角李大仁单挑 F4。

⑤ 老虎（一二三四五，上山打老虎）——《公冶长篇第五》——公冶长是孔子的女婿，他在娶亲时，一只猛虎跑出来抢亲。

⑥ 溜溜球——《雍也篇第六》——篇名来自“雍也可使南面”这句话，孔子说，冉雍这个人啊，可以让他去做一个地方的长官，长官管理下属如同玩溜溜球。

⑦“死神”的镰刀——《述而篇第七》——“死神”用镰刀来收割生命，父亲在临终前向儿子口述遗嘱。

⑧ 爸爸——《泰伯篇第八》——在我国古代，“伯”为长子，我爸爸刚好是家里的长子。

⑨ 酒——《子罕篇第九》——“子罕”是“孔子很少做什么”的意思，孔子吃饭只吃七分饱，我猜他很少饮酒。

⑩ 石头——《乡党篇第十》——我联想到有人在乡下做坏事，被别人用石头打。

⑪“双 11”购物节——《先进篇第十一》——在“双 11”购物节，我先去付定金。

⑫ 圣诞老人（圣诞节是 12 月 25 日）——《颜渊篇第十二》——颜渊很穷，圣诞老人在圣诞节给他送吃的。

⑬ 西方不吉利的数字——《子路篇第十三》——子路在卫国内乱时不幸身亡，这是一件很不幸的事，能和不吉利对上。

⑭ 医死（谐音）——《宪问篇第十四》——我联想到医经著作《素问》，有一个庸医翻阅《素问》救人，结果把人医死了。

⑮ 鹦鹉——《卫灵公篇第十五》——卫灵公去找孔子说话时肩膀上顶着一只鹦鹉，孔子很生气，没理他就走了。

⑯ 石榴——《季氏篇第十六》——季氏总是越过规矩，当时石榴这种水果超级珍贵，只有天子可以吃，但是季氏也吃。

⑰ 仪器——《阳货篇第十七》——在过去，仪器是“洋货”。

⑱ 一巴掌——《微子篇第十八》——微子是纣王的兄弟，微子顶撞了纣王，纣王狠狠地打了他一巴掌。

⑲“一九三七年哪，鬼子就进了中原”——《子张篇第十九》——看到十九，我脑海里就会想起这个音乐，联想到用湿纸张糊脸的酷刑。

⑳ 饿死——《尧曰篇第二十》——尧是有名的仁君，在他的治理下，国家没有饿死的人。

这种联系是非常个人的，和每个人的阅历有关，每个人熟悉的东西不同，联想到的东西也可能不同。使用这个方法，我差不多只花了5分钟，就把《论语》的20个篇目按照顺序记了下来，而且你随便告诉我一个数字，我就能说出对应的篇目，你告诉我一个篇目，我也能说出它是第几篇。而且你过一两个月来问我，我还是能马上说出来。

（3）复习。复习就像钉钉子，我们每钉一下钉子，钉子就会更深地进入墙面，记忆就会加深。并不是只有记忆不好的人才需要复习，哪怕是记忆大师，一段时间不复习，也会遗忘。

（4）用起来。我们记忆就是为了想用的时候能直接调用，所以没有比直接用起来效果更好的记忆办法了，当阅读收获转化为思考模式、行为模式和能力结构的一部分时，它就真正被焊在我们的脑子里了。

第二章

独立思考的能力

本章思维导图，请扫描二维码查看。

一、为什么要读这一章

为什么说独立思考的能力是重要的阅读能力？首先，精读一定要精思，内化一定要经由思考。没有扎实的思考支撑，上一章的三种层次的读书笔记会变得空有其表。正如哲学家亚瑟·叔本华（Arthur Schopenhauer）所说："读书而不思考，绝不会有心得，即使稍有印象，也浅薄而不生根，大抵在不久之后又会淡忘丧失。"独立思考的能力是阅读效果的保证，这种能力越强，阅读收获越大。这就是为什么孔子要强调"学而不思则罔，思而不学则殆"。学和思相辅相成，同等重要。我特别喜欢华杉对这句话的解释。

"'学而不思则罔'。'罔'，是迷惘无所得。'学而不思'，是只顾读书学习，却不放在自己身上体会、放在具体事情上琢磨。这样自以为都知道了，其实不过是鹦鹉学舌，晓得些说法，一到用时，还是迷惘，一点概念都没有。"

"'思而不学则殆'。反过来，成天自己瞎琢磨，不去读书、拜师、学习，则往往陷入思想空转，找不到出路。本来别人可以一语惊醒梦中人，本来你可以'听君一席话，胜读十年书'。

偏不信书，偏不信人，就要自己琢磨，那就更危殆了。”

我总是用叔本华的话来提醒自己阅读和思考的区别：“我们读书时，是别人在代替我们思想，我们只不过重复他的思想活动的过程而已，犹如儿童启蒙习字时，用笔按照教师以铅笔所写的笔画依样画葫芦一般。我们的思想活动在读书时被免除了一大部分。因此，我们暂不自行思索而拿书来读时，会觉得很轻松，然而在读书时，我们的头脑实际上成为别人思想的运动场了。”只读书，不思考，我们的大脑不过是别人思想的跑马场。我有一个很深的体会：阅读让我们学到新知识，得到新观点，我们会有一种学习的喜悦，会产生一种认知刷新的快感，这种喜悦和快感，很容易掩盖掉我们没有独立思考能力这件事，我们会越来越依赖书，逐渐丧失独立思考的能力。但是如果我们用好书籍，在阅读过程中有意识地锻炼自己的思考能力，就会形成一个强化的回路：越读，思考能力越强。

但多数时候，读者阅读而不思考，非不为也，实不能也。有的人一说到思考，就束手无策，脑子里一片空白。有的人总是躲在别人的观点后面，不敢表达自己的观点。有的人非常容易被别人牵着鼻子走，总是不知不觉把别人的思考结论当成自己的思想。有的人会产生很多想法，但这些想法犹如一团乱麻。有的人的想法平庸，很难产生高质量的、真正有洞见力的思想。

还有的人对思考能力心向往之，却不知道从何学起。而且很多会思考的人的思考能力是在潜移默化中被动习得的，他们也不知道从何教起。所以思考能力就陷入一种难学和难教的尴尬境地，让许多人不得其门而入。

所以这一章的目标是，教会大家如何在阅读中思考，让大家通过不断在阅读中思考提升和强化自己的思考能力，并把这个能力迁移到学习、工作和生活中任何需要思考的领域。

二、阅读思考的目的是什么

在回答如何思考之前，我们需要先明白一个问题：到底什么叫思考？文森特·赖安·拉吉罗（Vincent Ryan Ruggiero）在《思考的艺术》这本书里的解释是：思考是有目的性的心理活动，我们可以在一定程度上加以控制。也就是说，发呆，漫无边际、无目的性的胡思乱想并不是思考，空想时，我们只是自己思维活动的旁观者，而不是控制者。

既然思考一定是有目的的，那我们在阅读中思考的目的是什么呢？很多人着急弄清楚该怎么在阅读中思考，却没有想明白要思考什么，阅读思考的目的是什么，所以就会有很混乱的状态。阅读思考的目的主要有两个：一是为了理解；二是为了获得改善生活的智慧。

为了理解是指我们需要通过思考来理解书里的内容。而从我们主宰自己人生的那一刻开始，我们始终逃不开一个问题：如何过好这一生？一切有助于回答这个问题的东西都可以被概括为改善生活的智慧，即我们在阅读时追寻的“启发”。我们总是去寻找启发，所谓的启发就是能帮助我们更好地成长，更好地理解他人和世界，更快乐幸福地过这一生的东西。

我将分别举例来说明这两个目的。《苏菲的世界》是我的哲学启蒙书，刚上大学那会儿，我读到一个词——“虚无主义者”，什么是虚无主义者呢？书里的解释是那些认为所有的事情都没有意义的人。这对当时的我来说是一个很陌生的词汇，因为我不是这样的人，也没见过这样的人。但是我刚读过法国作家阿尔贝·加缪（Albert Camus）的《局外人》，我联想到小说的主人公莫尔索，他很接近这个描述。他对身边的一切都漠然置之，包括母亲的去世，女友要和他结婚，甚至自己要坐牢，因为他觉得生命本身就是没有意义的。通过联想他，我对“虚无主义者”这个抽象的词汇有了具体的想象。这就是我的思考过程，这个思考过程是为了理解。

这是理解抽象概念的例子，有时候我们在思考时还需要理解具体的人物和情节。我在读张爱玲的《红玫瑰与白玫瑰》时，遇到了一个不太好理解的人——男主角佟振保。我刚开始想不明白为什么他在知道自己的老婆孟烟鹂出轨一个癞头、有点佝偻的裁缝后，既不揭穿，也不离婚，而是怀揣着这个秘密继续生活。为了找到这个问题的答案，我把和他有关的部分读得很仔细。

我发现他对自己的人生是相当志得意满的，书里有一句话是“应当有的他家全有”。一个出身贫寒的穷孩子，却在外国人开的染织厂里担任很高的职位，他怎么能不志得意满呢？他还娶了身家清白、看起来很娴静的妻子，在别人看来他就是事业和家庭双丰收的人生赢家。他是被羡慕的人，可是如果他离婚或拆穿妻子，他就会成为一个被同情的人。所以他假装什么都没有发生，只要假装不知情，生活表面上就和原来一样。但他心里无法不介意，所以故意当一个“坏丈夫”来惩罚妻子——“常常喝酒”“醉醺醺回家，或是索性不回来”“一回来就打人砸东西”。

这是我的思考过程，我去书里寻找更多关于这个人物的描写，从他的经历、性格、处境里找到更多的信息和线索，再结合自己的阅历，像侦探破案一样，理顺这个人物的行事逻辑，我就理解了他。这种思考常见于读小说，是为了理解书里具体的人物和情节。

阅读思考的第二个目的是获得改善生活的智慧。我们读实用类书籍，当然是为了获得改善生活的技巧和方法，读小说也是如此。《月亮与六便士》对我最大的冲击是，我意识到世界上不只存在一种正确的生活方式。

其中两个医生的故事让我印象最深。一个医生读书时才华横溢，后来被选进了医院的管理层，前途一片光明。他在就职前去度假，当轮船在亚历山大港靠岸的时候，他观察着那座城市，看着由不同国家的不同肤色的人组成的人群，看着灿烂的阳光和蓝色的天空，他产生了一种感触，头顶似乎响起了一声惊雷，他突然觉得非常快乐，有一种无拘无束的美妙感觉。不到一分钟，他就决定要在亚历山大港度过余生；不到二十四小时，他就已经带着所有的行李出现在海岸上。他进入海关部门当一个检疫员，职位低微，收入微薄，可是他从来没有后悔过，他说："我挣的钱只能满足我的基本生活，可是我很满足。"

而另一个医生在第一个医生辞职后顶替了他的职位，进入管理层，一路升职，如今是六家医院的管理人员，还被皇室授予了爵士的头衔。他提到第一个医生时是这样描述的："这个可怜人，已经无可救药了。在亚历山大港卫生部门，他找到一个什么检疫员的小差事。有人跟我说，他和一个非常难看的希腊老婆子同居，生了半打丑陋的小崽子。"

书中的叙述者是这样说的："难道做自己想做的事，在自己喜爱的环境里生活，过着安宁的生活，就是在作践自己吗？相反，做一个知名的外科医生，年薪一万镑，娶一位漂亮的妻子，就成功了吗？我想，这一切都是由一个人是怎么看待生活的意义来决定的。”

《月亮与六便士》告诉我两件非常重要的事。第一，世界上不只存在一种正确的生活方式，所以我们不要随便去评判别人的生活方式。第二，世界上不只存在一种正确的生活方式，我们不用活在别人的期待和评价标准里，我们要找到自己人生的意义，为那个意义而活。当然，这需要勇气和智慧，尤其是当你想要的生活方式与公认的成功和好生活相悖，与父母的期待、他人羡慕的目光相悖。我对生命的见解变得开阔了，这些理念会影响我的选择，以及我对他人和世界的理解。在这里，我思考，是为了获得启发，获得改善生活的智慧。

思考是有目的性的心理活动。思考是对答案的探索，对意义的追寻。对于阅读而言，思考的一个目的是理解，另一个目的是获得改善生活的智慧。只要我们牢牢记住这两个目的，就不会在阅读中“迷路”。

三、一个具备合格的阅读思考能力的人，应该达到什么状态

在讲如何思考之前，我们还得想清楚第二个问题：一个具备合格的阅读思考能力的人，应该达到什么状态？所有的进步都是从感知现状和描述愿景开始的，只有我们清晰地感知到现状的不足，清晰地描述出理想的状态，才能催动改变。一个具备合格的阅读思考能力的人应该做到以下四点。

第一，他能独立思考。他有自己的想法，能形成自己的见解，而不是轻易地被作者或书籍的评论者牵着鼻子走。面对各种各样的信息和思想，他具备批判性思考的能力，能基于丰富、复杂的，甚至互相冲突的信息和思想，形成自己的意见。

第二，他能创新思考。他能产生更新颖、更有价值、更有洞察力、对自己或别人更有启发的见解。他常常能整合、颠覆、补充或发展原有的观点。

第三，他能系统、结构化、有逻辑地思考。最直接的表现就是：他能把自己的见解，系统、结构化、逻辑清晰地整理出来，并清晰地传达给别人。思考常常如在浅水中沿着石头跳跃，但更高阶的思考还要求我们能够飞到空中俯瞰，然后发现原来这些石头并不是随意排布的，它们连在一起，形成了一个有意

义的图案。

第四，他能知行合一。思考的目的不仅是获得想法，真正有价值的思考还能直接作用于我们的人生，甚至影响我们身边的人，我们的集体、社会和世界。我们要能知行合一，能基于自己的理解，吸收有益的部分来调整和优化自己的人生，小到一个习惯的养成，大到人生价值观的调整，小到对自己的改造，大到对社会和世界的改造。

四、阅读思考的三个阶段

我把阅读过程中的思考分为三个阶段：第一阶段是想法的产生阶段；第二阶段是想法的判断阶段；第三阶段是想法的整理阶段。大家平时之所以不知道怎么思考，思路非常混乱，思考得不够深入，是因为把想法的产生阶段、判断阶段和整理阶段混在一起了，每个阶段的目标和任务是不一样的。

（一）想法的产生阶段

我们在阅读过程中的想法有两种：一种是自己的想法，另一种是作者的想法，我们既要寻找和收集作者的想法，又要产生自己的想法，这两件事同样重要。在想法的产生阶段，最重要的目标和任务是尽可能多地产生自己的想法。请注意是尽可能多，而不是尽可能好，判断想法的好坏是下一个阶段的任务，现阶段我们要做的就是产生更多的思考火花。那我们该怎么产生更多的思考火花呢？具体有以下四个办法。

1. 前后对比

前后对比，即追问读这本书之前的你和读这本书之后的你，想法有什么变化？有没有颠覆什么认知？有没有转变什么观念？有没有想改变的行为？有没有恍然大悟的时刻？

我刚上大学的时候，每次读完一本书，总觉得没有什么收获，读过的东西就像漏斗里的沙子，一会儿就都漏完了。我那时特别焦虑，当时很多同学都在实习或创业，而我则把主要的精力放在大量阅读上，可是我始终感觉不到自己的进步。后来我开始做一件事，每读完一本书，一定要写一篇 800 字以上的阅读总结，这个总结不是复述书里的内容，而是追问一个问题：读完这本书的我和没读这本书的我，有什么变化？我强迫自己把阅读成果用文字固化下来。

为什么这个问题至关重要呢？我在第一章讲过，在万千信息中，只有一部分信息被我们阅读了，阅读量中只有一部分被我们纳入思考了，思考量中只有一部分被我们转化为行动了，行动量中的有效部分才是改变量，改变量才是真正的阅读收获。盯着“改变量”，就是从阅读中最大程度获益的不二法门。这种追问，我已经进行了10年，这10年期间，我每次读完一本书都会追问这个问题。结果就是，每本书都变成我向上的一级小阶梯，我非常清楚读完每本书的收获。

前后对比，就是密集创造万能读书笔记模板九要素之“洞见时刻”的最好办法。著名医师、诗人奥利弗·温德尔·霍姆斯（Oliver Wendell Holmes）说过一句话：一个人的思想一旦被某个新的想法所扩展，就永远无法退回到原来的维度了。前后对比，就是追问我们的思想到底被扩展了多少。那我们该如何对比呢？

第一步：检索新知。我们从头到尾复习一遍第二层次的读书笔记，检索这本书带给我们的新知，即以前不知道、看完这本书才知道，以前体会不深、看完这本书才真正明白的内容。

第二步：追问新知对我们的影响和改变。真正重要的新知，一定会对我们的信念、态度、行为、生活方式等带来影响和改变。请追问，这个新知会对我们产生什么影响？我们原有的信念、态度、行为、生活方式等是否会因此改变？具体有什么改变？

第三步：分别描述“before”和“after”来巩固收获。我们以前是怎么想、怎么做的？因为这个新知，我们以后会怎么想、怎么做？分别描述“before”和“after”的本质是通过深度的自我反思来学习，我们要深度建立知识和自己的关系，让知识为我们所用。

我第一遍读《瓦尔登湖》时觉得那种生活美则美矣，但是我无法复制。后来我沉下心来做三种层次的读书笔记，检索新知，更重要的东西就浮出来了：梭罗并不是让所有人都效仿他去过这种生活，他本身也只过了两年多瓦尔登湖的那种隐居生活，这对他来说只是一个生活实验，他是身体力行鼓励大家通过开展生活实验的方式来探索、寻找、设计和尝试自己想要的生活方式。然后，“生活实验”这个词就在我脑海里炸成了烟花，我体会到了前所未有的自由。

以前我的思考方式总是：这样做是对的、应该的、符合长期利益的，所以我必须这样做。但为什么我会觉得某种做法是正确的和应该的呢？多数时候是因为大家都推崇。“生活实验”把人生变成了一场自由探索的无限游戏，我们的人生始终处于未完全定型的、正在设计中的状态，我们不是只能选择一条路，我们随时可能因为一个新的生活灵感而走向另一个方向。在我写这本书的这一年，我准备拿一年的时间来做一个生活实验，这个实验的名字叫“如果一年只做一件事会怎么样”。我以前每年至少规划 3 ~ 5 个大目标，大目标会衍生出无数的任务，这让我总是处于时间不够用、目标未达成的痛苦中。我想试试精简目标，只做那件我最想做的事，想看看自己是否会更快乐、专注，是否会被淘汰。

这就是我读《瓦尔登湖》的前后对比过程，它让我对人生有了新的理解，影响了我的生活选择。它让我的心灵更自由，让我更有勇气。如果我没有去追问我的思想被扩展了多少，我不会有这么深的体会。追问和不追问，思考的质量会有很大的差距。

2．提问

提问驱动思考，人有一种本能，只要提问了，就会忍不住去回答这个问题，然后思考的齿轮就转动起来了。所有的思考过程都可以简化为提出一个问题，然后回答这个问题。我总结了以下四个提问方法。

第一，不管三七二十一，写下脑海里出现的所有疑问。在阅读的过程中，我们不要放过脑海里冒出来的任何一个问号，即使我们觉得某个问题很没有水平。阅读最好的地方就是，作者是沉默的，他不会跳出来指责你怎么会问这么愚蠢的问题，我们可以拥有一个很安全的提问氛围。我建议大家，不加筛选地把所有问题都提出来，而且一定要把问题都写下来，然后试着去组织答案。刚开始我们可能会问比较简单、容易找到答案的问题，但有价值的好问题也会慢慢出现。如果我们把提问训练成本能，我们理解和思考的深度自然会慢慢增加。

第二，用“红绿灯思考法”训练自己。我们在阅读时可以准备红黄绿三种颜色的笔。“绿灯行”——对于完全可以理解的内容，我们用绿色的笔来画线。“黄灯来了等一等”——对于没有完全理解，需要再调查或思考一下的内容，我们用黄色的笔来画线。“红灯停”——对于完全无法理解的内容，我们用红色的笔来画线。

提不出问题最主要的原因就是自以为自己了解了，然后囫囵吞枣地读过去。“红绿灯思考法”可以逼着我们反思，我们完全理解了吗？哪些部分不理解？当然，这个方法肯定会拖慢我们的阅读速度，但是如果我们总是提不出问题，习惯全盘接收所有信息，那就得下一番功夫。而且我们不需要一直用这种方法读书，等我们形成思维习惯，就不需要使用三种颜色的笔了。

第三，留意书里的好问题，模仿好问题的句式去提问。自问自答是最常见的写作方法，作者一定会在书里不断地抛出问题，我们可以留意那些特别值得回答、特别让自己有思考欲的问题，模仿它的句式，从不同的场景出发去提问。学习总是从模仿开始的。

第四，用“5W2H”的提问框架刻意练习提问能力。“5W2H”是一个应用广泛的提问框架，具体内容如下。

What——是什么？

When——何时开始？

Where——从哪里开始？

Why——为什么？

Who——谁？

How——怎么做？

How much——做到什么程度？

我们可以把每一个提问角度放到具体的情境中灵活使用。例如，“What”常用于问定义，“ How much ”常用于问与程度有关的问题。

大家要注意，对于不同的书，提问的重点是不同的。对于实用类书籍，我们主要围绕是什么、为什么、怎么做来提问。对于小说，我们主要问以下两个问题：这个人物为什么要这么做？这个情节为什么会发生？

问题常常比答案更让人受教，有时候我们只有提出一个正确的问题，才能找到一直在寻觅的答案。我读到“积极心理学之父”马丁·塞利格曼（Martin Seligman）的《持续的幸福》这本书时对这一点的体会尤为深刻。我第一次清楚地意识到，我做的所有努力，都有一个共同的目标——“持续幸福”，我追求的所有目标都只是实现这个共同目标的手段，它们最多是这个共同目标的子目标。而我提出的那个正确的问题是：如何才能持续幸福？提出正确的问题，是能够揭示事物的核心的。那我们提出什么问题才能最大程度地驱动思考呢？

第一种比较关键的问题是自己的“大问题”。这是我在《如何用提问解决问题》这本书里看到的一个说法，作者沃伦·贝格尔（Warren Berger）的这个提法引起我的强烈共鸣。“你应该试着找出一个特定的问题，并持之以恒地追求这个问题的答案——你的‘大问题’。这个问题应该大胆而自信、雄心勃勃和切实可行。”“我自己的大问题开始于10年前：我怎样才能鼓励更多的提问？写本书只是我试图探究这个问题的方式之一。我也会做一些其他的事情来回答这个问题，如拜访不同类型的组织，劝他们改变观念，和他们分享提问的方法和技巧。”“在哪里及如何才能找到你说的大问题呢？你可以先从你的兴趣和激情所在着手。你可以问自己一些问题，如什么事情让你感动，你内心深处的关切是什么，你觉得你注定要做的事情是什么。”

他对提问这件事的研究，就如我对阅读这件事的研究，我的“大问题”是“如何阅读，才能最大程度从阅读这件事中获益”。大家正在读的这本书也是我探究这个问题的方式之一，这本书也是我对这个问题的一次完整的回答。

我们的“大问题”就是我们最重要的提问。这个世界多数时候不会直接给我们答案，我们感兴趣的问题的答案可能分散在几十本，甚至上百本书里。我们需要大量获取信息，需要去思考、分析和实践，慢慢加工出自己的答案。这也是为什么我在后面要讲建立知识体系和主题阅读，因为一个个孤立的知识无法解决我们的问题，一两本书给不了我们完整的答案。以我自己为例，我读过上百本与阅读方法有关的书，但没有任何一本书能完全解决我的问题，我需要去与阅读间接相关、不很相关的书里找更多的答案。当我们带着自己的“大问题”读书，就像拿着磁铁满世界行走，能把有助于我们思考的信息全部吸过来。提出自己的“大问题”是比较高级的提问，这种问题往往和我们的人生追求有关。

第二种比较关键的问题是这本书的“大问题”。作者写这本书，是为了回答什么问题？只有这本书的“大问题”与我们感兴趣的问题重合，我们和书才会有相见恨晚的感觉。接下来，我们要审视作者的回答是否正确，是否值得借鉴。如果回答不正确，错在哪里？如果回答不完整，我们可以补充什么？如果我们感觉作者的回答不完整，而自己又没有能力补充时，完全可以让另一本书、另一个作者来补充。

找出这本书的“大问题”，可以让我们回到作者的思考起点，和作者站在同一个层面思考，有助于我们更宏观地思考和理解。找出这本书的“大问题”后，我们可以尝试用自己的话回答。数学家华罗庚就是按照这种思路读书的，他拿起一本书后，先看书名，再闭目静思，去设想他会怎么写这个主题，想得差不多后才翻开书，如果作者的写作思路和他一样，他就不再读了。

除了论述类书籍，文学作品也有自己的“大问题”。例如，所有的科幻小说都开始于一个问题：如果……，人类世界将会怎么样？这个问题是所有科幻小说家的思考起点，《三体》的思考起点是：如果有一个科技水平碾压人类的外星文明要抢走我们宜居的地球，人类世界将会怎么样？

第三种比较关键的问题是相反的观点是什么。在阅读过程中，有时候我们了解了相反的观点，才能真正理解某个观点。

有一本书叫《被讨厌的勇气》，它用通俗易懂的语言讲解阿德勒（Adler）的心理学，书里讲到阿德勒的“目的论”和弗洛伊德（Freud）的“原因论”的不同之处。从精神分析学派创始人弗洛伊德开始，很多心理学家都认为人是过去，尤其是童年经历的产物，这些经历变成了潜意识，决定着我们的人生。阿德勒心理学把这样的观点称为“原因论”，并认为一味地关注过去的原因，企图靠原因解释事物，就会陷入“决定论”，最终会得出这样的结论：我们的现在甚至全部未来都由过去的事情决定，而且根本无法改变。正是这样的观点，让很多人把当前的不如意、性格的缺陷归咎于原生家庭。而阿德勒心理学认为任何经历本身并不是成功或失败的原因。我们并非因为自身经历中的刺激而痛苦，事实上我们会从经历中发现符合自己目的的因素，决定我们自身的不是过去的经历，而是我们赋予经历的意义。阿德勒心理学把这样的观点称为“目的论”。

在阅读中，我们把有分歧的观点放在一起看，能够更深刻地理解两种学术观点。这就像我们单独看嫩绿色，很容易把它看成黄色，但把它和纯黄色放在一起，我们立刻就知道它是绿色。尤其在读社科类书籍时，如果我们多研究一下不同的观点，就更容易梳理出一个学科的脉络。

第四种比较关键的问题是藏在我们阅读目的中的问题。我们可以把阅读目的用提问的形式表达出来。例如，我们读《学会提问》的目的是学习批判性思考的能力，那么我们可以这样提问：普通人如何提升自己的批判性思考能力？读完这本书后，我们就去回答这个问题，而且不要满足于简单的答案，要力求在原有理解的基础上有所突破。

当然，每个人感兴趣的问题是不一样的。当我们提出一个问题，并主动去思考和寻找答案，独立思考不就发生了吗？思考的起点，就是遇到了某种困惑。把心中的困惑说出来并去寻找答案的过程，就是思考。思考并没有大家想象中的那么难。

3. 联想

经常有人问我："小墨，为什么我的思考内容总是那么苍白？"原因就在于思维太封闭了，发散性太差了。思考的本质是联想，是一种发现事物之间的联系，建立事物之间联系的能力。万能读书笔记模板九要素里有一个"联想发散"，如果大家的思维发散性太差，就不能很好地掌握这个要素。有三个典型的训练发散性思维的办法。

第一个办法是在限定时间内，从一个主题词出发，尽可能多地联想。思维发散性差的人可以多做这样的游戏。例如，看到绿色，我们能联想到什么？思维发散性差的人可能只会联想到三五个东西，思维发散性好的人，可能会联想到几十个东西。大家不要只进行从物品到物品的联想，可以进行抽象概念的联想，也不要只联想一层东西，可以多联想几层东西。

第二个办法是在限定时间内尽可能多地想一个物品的作用。例如，一张 A4 纸可以用来写辞职信，用来剪纸，用来折纸飞机，用来教小朋友学长方形的知识等。

第三个办法是在限定时间内去寻找两个不相关的东西之间的共同点。例如，请找出青蛙和宇宙飞船之间的共同点。

这种暴风骤雨式的快速联想被心理学家称为“急骤联想训练”，它可以提升我们思维的活跃度、敏捷度和创造性。这种“急骤联想训练”似乎和阅读没有什么关系，但就是这样的联想能力，让我看《了不起的盖茨比》时，找到盖茨比和我的共同点，和他产生共鸣共振；让我看《包法利夫人》时，找到艾玛和被消费主义吞噬的现代人的共同点；让我读《小王子》时，找到那朵星球上的玫瑰花，和我们重要的爱人、家人和朋友等的共同点，从而获得理解这些书的独特角度。我们该如何提升阅读中的联想能力呢？我有以下五个建议。

第一，一定要尽可能地发散，尽可能地天马行空。在想法的产生阶段，我们不要去判断这些想法好不好。在阅读的过程中，我们可以把联想到的东西都写在书上，因为我们首先要保持思维活跃，才能联想到丰富的东西，才能从中挑选好的想法。如果我们一开始就要求自己一定要想一个特别有深度的观点，那思考的压力就会很大，这反而会压制想法的产生。一个人的思考怎么才能变得敏捷呢？就是让神经元之间建立尽可能多、尽可能深、尽可能大的神经通路。我们刚开始的进展可能不会很顺利，进行联想时脑海里可能是一片空白。请不要着急，我们需要慢慢练习并长期坚持下去，可以从要求自己看每一页书时至少产生一个联想练起。

第二，可以联想到自身和实际生活，把书中的内容放到自己的具体事情上琢磨，问自己一个问题：这本书和我有什么关系？很多人做读书笔记或写读后感时，只能停留在转述作者观点的水平，无法形成自己的见解，如果学会联想到自身的生活，自然就能形成自己的见解。每个人的生活和经历都是独一无二的，世界上没有两片一模一样的雪花，自然也没有一模一样的经历。所以只要我们联系自身的经历，把学到的东西放到自己的具体事情上琢磨，思考的原创性自然就很高。

第三，可以用案例替代。这是一个既简单又极为有效的联想练习，每次遇到作者用案例解释观点时，我们就用自己的案例替换作者的案例。

第四，抓住本质，举一反三，尝试知识迁移，把知识运用到不同的领域。例如，我们前面讲到通过前后对比来总结阅读书籍的收获，那是否也可以用这种办法来复盘完成一个项目的进步呢？

第五，加深积累，扩展视野，增长阅历。每个人都多少会有一些联想，但联想的广度、深度和强度是不同的，联想的质量和我们的积累、阅历高度相关。想要活跃、丰富、高质量的联想，我们必须加深积累，扩展视野，增长阅历。

联想能力，就是发现不同事物之间联系的能力，尤其是发现抽象概念和抽象感受之间的联系，我们必须以知识的深度和广度为基础。这又和我们建立知识体系的能力和阅读不同书籍的能力联动了。

4．行动导向

产生更多想法的第四个办法是行动导向，我们可以思考用从这本书里学到的东西做什么。例如，《高效 PDCA 工作术》这本书教我们如何制订计划，如何实施行动，如何复盘方案。我们学完后就要追问：马上可以做什么？我读完之后，立刻开始做周计划和周复盘。

即使是实用类书籍，我们也需要思考如何把书中的方法落地，因为每个人的实际情况不同，行动计划是需要量身定制的。因此，我们如何运用书中的方法也是一个非常重要的思考方向，在万能读书笔记模板里，我把这一点称为“行动灵感”。如果我们总是想不起来行动，该怎么办？请贯彻“用三遍”的原则，即学到某种知识后，一定要马上用三遍。

我在杭州买房时，读了一本叫《做出好决定》的书，作者斯蒂芬·P. 罗宾斯（Stephen P.Robbins）是管理学和组织行为学的大家，从这本书里我学会了一套可靠的理性决策的流程，不管面对多么复杂的事情，我都可以梳理得清清楚楚。

第一步：识别和确定问题。如何在预算范围内买到最满意的房子？

第二步：确认决策标准。我们列出做决定需要考虑的因素，如买房需要考虑的城市、地段、交通、户型、环境等因素。

第三步：评估标准。上一步所列因素的重要性是不一样的，我们在这一步要排列优先级。例如，有些人更在意一家人的生活体验，更愿意选择交通方便、面积大的房子。

第四步：制定备选方案。在这一步，我们需要制定可以解决问题的所有方案。以买房为例，我们要尽可能多地看房。

第五步：评估备选方案。我们要用第二步的决策标准评估备选方案，保证每个方案的优点和缺点是一目了然的。

第六步：选择得分最高的方案，得出最优解。

通过这套决策流程，我收集信息的目的性很强，分析信息的思路也非常清晰，最终在预算内买到了喜欢的房子。一般情况下，我们使用三次后，知识就不仅是知识，还慢慢变成我们的本事了，同时在实践中，我们的理解和思考会更深刻。

总结一下，大家可以这样理解上述四个办法：前后对比，是对比过去和现在的自己，让我们清清楚楚看见自己的进步；提问，是立足当下，问出此时此刻所有的困惑；联想，是搜索过去，用过去的信息和经历来思考和理解；行动导向，是落脚未来，我们学完后可以用在哪里？具体该怎么用？这是想法的产生阶段，我们最需要的是思维发散能力，可以用四个办法来激活大脑，促进想法的产生。

（二）想法的判断阶段

孟子说：尽信书，则不如无书。康熙说：凡看书不为书所愚，始善。我们会从书里读到许多事实和观点，但不加选择地采信容易“为书所愚”，我们需要具备独立思考能力。但请注意，独立思考不等于独自思考，闭塞的信息环境不利于思考，大量调查和摄入信息反而能帮助我们高质量思考；独立思考也不等于不接受别人的影响，如果我们认真回顾思想史，会发现那些优秀的思想家都是互相影响的；独立思考还不等于和别人想的不一样，特立独行，故作惊人语；独立思考更不等于故意唱反调。

独立思考能力又叫批判性思考能力，批判不是反对，而是审查，批判是不轻信信息和观点，仔细评估后再决定相信什么和做什么，审慎地建立自我意见的过程。独立思考的目标是追求真理、远离谬误，是让自我认知更接近事物的规律和世界的真相，而不是为了捍卫自我和反对别人，彰显智力优越性。

但想做到独立思考并不容易，没有经过学习和训练的人容易读到什么信什么，有时就算隐隐觉得有的观点不对，也说不出它到底哪里不对。那我们到底该怎么判断呢？我整理了一个判断想法的步骤供大家参考。

第一步：区分事实和观点。事实是一种可以被证实或证伪的描述，它是客观的，是独立于人的主观想法和主观情绪而存在的；观点是人们对事实的主观看法，无法像事实那样被证实或证伪。评价一个事实时，我们可以说它是“真的”或“假的”，评价一个观点时，我们就只能说“我同意”或“我反对”。事实有真假，观点无对错。“今天气温 25 度”，这是一个事实，“今天很热”，这是一个观点。“我的女儿数学考试考了 100 分”，这是一个事实，“我的女儿很聪明”，这是一个观点。大家不要混淆事实和观点，读到什么就信什么的人最大的特点就是把“观点”当作“事实”来接受。

第二步：分别核查事实和观点。如果是“事实性论述”，我们就需要辨真伪。核查事实很重要，事实如同地基，观点是我们对事实的看法，观点依赖事实，如果事实变了，观点也就变了。核查的内容如下。这条信息的信息来源是哪里？这条信息是道听途说的还是有明确的信息来源？信息来源是一手的还是二手的？如果信息来源不是一手的，能不能找到一手来源？信息的一手来源和二手来源告诉我们的内容一致吗？信息在传播过程中是否存在断章取义、理解偏差等扭曲事实的情况？信息的一手来源和二手来源可靠吗？发布者和发布平台是否可靠？信息采集过程是否可靠？信息的一手来源是孤证吗？

如果是“观点性论述”，我们需要核查观点，再决定是支持还是反对。简单来说，一个完整的观点论述过程就是围绕一个论题，根据一些论据，得出一个结论。在开始独立思考之前，我们必须了解清楚论题是什么，结论是什么，以及支撑结论的论据是什么。

读到什么就信什么的人有一个特点：把推论当成定论来接受，不关心结论从何而来。我们一要审视论据，查看论据的效力；二要审视推理逻辑，看推理过程是否有逻辑谬误；三要审视提出观点的人，看他的立场和利益是否影响了观点的可靠性；四要审视情绪影响，看是否有用情绪代替事实和逻辑，故意激发情绪，以此影响他人的情况。

第三步：得出自己的观点，形成自我意见。无论我们同不同意别人的观点，都要组织自己的理由，得出自己的观点。我们评价别人观点的思路，也是形成自我意见的思路。

第四步：让观点成长。我们要保持开放的思维，不仅要留意证明我们观点的内容，还要留意相反的观点，以及证明相反观点的内容。我们得出观点后，可能会发现新的论据，可能会有新的阅历，进而改变“初始观点”，这都是非常正常的，这就是我们的良性成长过程。

（三）想法的整理阶段

在想法的整理阶段，我们的目的是总结和巩固阅读收获。我们阅读完一本书，整理完笔记，做了一些思考后，脑海里可能有十几个想法在横冲直撞，我们需要把它们按照一定的逻辑串起来，这就是结构化的思考。我们的大脑喜欢有规律的信息，不喜欢零散而复杂的信息，只有经过有规律的串联和结构化的思考，我们才算真正完成对信息的内化。那我们怎么才能条分缕析、逻辑分明地整理想法呢？

第一步：汇总想法

经过了想法的产生和判断阶段，我们得到了很多信息和观点，有的信息和观点来自作者，有的信息和观点来自我们自己，但这些信息和观点良莠不齐，我们需要从中筛选并汇总精华。

我们该如何筛选书籍精华和个人思考精华呢？万能读书笔记模板和思维导图笔记这时就派上用场了，我们可以复习一遍笔记，把对我们而言最重要的内容提取出来，即那些拓展我们原有认知，影响我们的态度、选择和行为的内容。

第二步：分组归类

我们要把同类的想法分组归类，分组归类要符合“MECE”原则，“MECE”是“Mutually Exclusive , Collectively Exhaustive”的首字母缩写，意思“相互独立，完全穷尽”。在我的读书训练营，两年下来，我一共点评了一万多份作业，我发现逻辑混乱的人主要是分类有问题。有两种情形：一种情形是他们有很多想法，但表达的时候不做分类，想到哪儿写到哪儿；另一种情形是他们做分类，写了几个要点，可是这几个要点“你中有我，我中有你”，依然很乱。所以我们在做分类时一定要保证要点既完整又互不重复。我们可以使用思维导图来辅助分类，围绕读书收获，把想法都写进去，然后进行合并和拆分。

第三步：提炼逻辑结构

如果各个分类完全独立，我们找不到逻辑关系，可以直接使用总分结构，这是比较基础的逻辑结构。如果我们想进一步整理想法之间的逻辑关系，还有三种可使用的逻辑结构。

（1）直接用原书的逻辑结构整理

大多数书籍都是按照一定的逻辑组织起来的，好书背后一定有一个好的逻辑结构，我们在做第二层次的读书笔记时，可以使用思维导图笔记整理书籍的逻辑结构。有些书的逻辑结构非常清晰，我们可以直接按照作者的逻辑来思考。

有一本书叫《高效 PDCA 工作术》，什么是“PDCA”呢？“PDCA”中的“P”是指 Plan，意思是计划；“D”是指 Do，意思是执行；“C”是指 Check，意思是验证、检验成果；“A”是指 Adjust，意思是调整。作者就是按照“PDCA”这四个流程来写这本书的：怎么计划、怎么执行、怎么检验、怎么调整。那我们就可以按照这个逻辑和思考框架来组织想法，分别提炼各个流程中最大的收获。如果我们自己本身没有什么思考框架，我特别建议大家认真地整理作者的思考框架，找出作者写书的逻辑。刚开始我们会借用别人的思考框架，接着我们会把这些思考框架迁移到别的地方使用，最后我们就会形成自己的思考框架。

（2）用一些现成的、经典的思考框架

现成的、经典的思考框架包括是什么、为什么、怎么做；

解决问题时的现状、问题和策略；二维矩阵结构，如能力发展之没有意识到自己无能、意识到自己无能、意识到自己有能力、没有意识到自己有能力，时间管理之重要而紧急、重要而不紧急、紧急而不重要、不紧急也不重要等。

当我们读过很多书，分析过很多作者的思考框架后，自己也就积累了很多思考框架，有些思考框架是很经典的，会在很多场合反复出现，那我们就可以借用。当我们用得多了，某些思考框架甚至会变成思考本能，我们慢慢就能习惯用这些现成的、经典的思考框架来整理自己的想法。

（3）用流程法来整理

很多想法不是零散、并列的内容，而是属于某个流程的一部分。流程一般有先后之分，如按照步骤（第一步、第二步、第三步）、事物的发展规律（第一阶段、第二阶段、第三阶段）、层次（第一层次、第二层次、第三层次）等推进。这时我们就可以用流程法来整理。我在这本书里就频繁使用流程法来整理自己的想法，这是我的思考框架，如三种层次的读书笔记、阅读思考的三个阶段、判断想法的四个步骤等。

大家注意，我们用这些思考框架来整理想法的本质还是对想法进行分组归类，只不过这些类别之间有更复杂的关系。

第四步：充实细节，形成文字

当我们提炼好逻辑结构，第四步是充实细节，形成文字。细节来自万能读书笔记模板九要素，我们可以调用故事案例、金句、联想发散、行动灵感等来帮助自己充分表达。形成文字是基本的要求，因为我们主要是用文字来思考和表达思想的，如果我们写不清楚，基本上就等同于我们没有想清楚。所以在第四步，我们一定要充实细节，形成文字，用写作帮我们清楚地整理想法。

以上就是阅读思考的三个阶段，但思考不是一个快速的过程，有时候我们读完一本书，心里会有极其复杂的感受，我们无法立刻完成三个阶段的任务，可能需要一个酝酿期。这时我们可以先把这本书放到一边，继续生活，读其他书，和朋友聊天，在空闲的时候琢磨琢磨，灵感也许会不期而至，我们会豁然开朗，有了思考的突破口。

五、思考能力的养成没有捷径

把第一章的三种层次的读书笔记，和第二章的阅读思考的三个阶段结合起来，我才算讲完完整的精读过程。第一章和第二章其实是对同一个过程的两种描述，万能读书笔记模板的任务是激发我们产生更多的想法，思维导图笔记的作用是筛选精华和整理书籍的逻辑结构，读书笔记的作用是判断和整理想法，让想法成形。

也许有人会觉得这样做很麻烦，比起单向录入式的阅读和不复盘收获就着急读下一本书，这样做当然既缓慢又辛苦。可是阅读只是一个起点，阅读后的思考、输出和实践才是重中之重，与单纯的阅读相比，花费数倍的时间来思考、输出和实践是十分正常的。有时候，一些好书会在我们心头萦绕数年之久，才会在思考的池子里慢慢发酵，让我们迎来茅塞顿开的畅快。我们习得一些理念后，也常常花费数年的时间去实践，才慢慢走通“知道”到“做到”的长路。

思考能力的养成没有捷径，我们只能在密集的思考过程中提升和精进思考能力。阅读既是我们运用思考能力的地方，也是我们练习思考能力的地方。刚开始笨拙一点，常常遇到思维阻滞，观点没有那么成熟老到，对自己的思考没有信心，这些都是初学者的常态。但只要我们坚持在阅读中深度思考，我们的思考能力就会像树一样，从小树苗慢慢长成参天大树，我们也会越来越热爱思考，因为只要体会过思考的乐趣，就再也忘不掉了，愿大家都可以享受思考。

第三章

掌握阅读速度的能力

本章思维导图，请扫描二维码查看。

一、为什么要读这一章

在写这本书之前，我做过调研，发现“读书慢”是大家最想克服的阅读痛点。这一章就是写给所有因为读得慢而感到烦恼和焦虑的人。我是一个对阅读质量的追求有点“疯魔”的人，以至于一度走了弯路，觉得和阅读质量比起来，速度完全不重要，直到我想明白以下两件事。

第一，阅读的整体效果 = 阅读质量 × 阅读速度。我们的阅读质量差，囫囵吞枣地看完书，即使读得再快，效果也不好；我们的阅读质量好，但一年只能读几本书，进步也缓慢。所以阅读这辆车得有两个轮子才能跑起来，两者是互相促进的。阅读质量好有助于提升理解力，进而可以大幅提升阅读速度；阅读速度快有利于增加积累量，积累量越多，你对新东西的领会就越快，理解就越深入。

第二，读得慢不代表阅读质量好，这是最重要的。读书慢，有两种慢。第一种慢是精读精思的慢，我们做三种层次的读书笔记，按照三个阶段思考肯定比翻翻书、画画线慢得多，但是这种慢是为阅读质量服务的，是值得的，是必要的，是我们主动为之的。甚至如果我们学不会精读和精思，慢不下来，总是对时间感到焦虑，我们还得学习如何变慢。第二种慢才是需要被克服的慢，这种慢无法为理解服务。我们必须区别对待这两种慢，许多人不做区分，一味求快，反而适得其反。

我总结了以下五个“速度杀手”。

“速度杀手”一：阅读障碍。

“速度杀手”二：“必须通读症”。

“速度杀手”三：积累不够、理解力不足。

“速度杀手”四：无法专注。

“速度杀手”五：时间管理、精力管理和优先级管理存在问题。

我们对待不同“速度杀手”的解决方案是不同的，接下来让我们对症下药、逐个击破。

二、“速度杀手”一：阅读障碍

阅读障碍主要有：强迫性地音读和默读，逐字阅读，视线逗留、回退和游移。这几乎是许多人阅读的常态，但他们没有意识到这是阅读障碍。他们认为不这样做会影响理解和记忆。就是这种错误的观念，导致许多人很难克服这些阅读障碍。要想克服阅读障碍，我们需要记住以下常识。

第一，从视觉渠道读取信息的效率比从听觉渠道高出100倍以上，音读和默读会严重拖慢我们的阅读速度。

大脑处理信息的速度是非常惊人的，诺贝尔生理学或医学奖获得者罗杰·斯佩里（Roger Sperry）发现，人脑每秒钟有意识处理的信息量约为126个神经比特，但是在正常的学习中，我们每秒调动的大脑资源只有大约40个神经比特，这意味着大脑每秒钟有大约80个比特的闲置空间。很多人担心不音读和默读，阅读速度会太快，会让大脑应接不暇。这些人太小看大脑的潜力了，其实经过训练，我们完全可以做到一目多行。

有些读者靠音读和默读来逼自己专注，但和常识相反，音读和默读不仅不能让我们更专注，反而是走神的罪魁祸首。我们的大脑很勤奋，如果我们一小口一小口地把信息喂给大脑，输入速度赶不上大脑处理信息的速度，大脑就会很闲、很无聊，它就会找别的事情来做。这就是为什么我们读书的时候会走神和胡思乱想，甚至还会犯困，因为一直得不到足够的信息输入，大脑会自动进入休眠状态。

我举一个例子，大家马上就会理解这个过程了。有一部电影叫《疯狂动物城》，里面有个角色是一只树懒，它说话做事都仿佛放慢五倍，可是偏偏它的名字叫闪电，请大家想象下面这句话是放慢五倍听到的效果："大——家——有——没——

有——看——过——一——部——电——影——叫——《疯——狂——动——物——城》，我——就——是——里——面——的——闪——电。”估计在现实里听到这么慢速的话，我们都会疯掉。大家想象一下，如果有人一直用这样的速度跟你说话，你会不会觉得很无聊，然后会走神，去想自己的事情？如果一直有人用这样的速度跟你说话，你会不会打哈欠和犯困？当我们一个字一个字地读书，或者在心里默读的时候，在大脑看来，我们就是一只超慢速说话的树懒，于是大脑会走神，会找其他事情来做，甚至开始犯困，因为我们输入信息的速度远低于它处理信息的速度。

那是不是要完全放弃音读和默读呢？也不是。最好的办法是把它们当成无形的“心灵荧光笔”，当我们读到关键词、重点句子和重点段落的时候，可以放慢速度，用音读和默读来加深印象。

第二，逐字阅读反而拖慢理解速度，按语义单元阅读才能理解得更快。

我们都知道眼睛扫描文字的速度并不是真正的阅读速度，理解速度才是真正的阅读速度。很多人逐字阅读，是为了理解得更好，但这样只会适得其反。因为孤立的字词是无法传达完整的信息的。如果我们每次都输入孤立的字词，大脑就需要通过复杂的运算把这些字词叠加起来得到完整的意思，这种叠加不仅会拖慢阅读速度，还会妨碍理解。阅读高手都是按语义单元阅读的，眼睛定焦一次，就能阅读一个词组或一个意思比较完整的短句子，并把它们作为完整的信息输入大脑。

第三，读得慢，不能帮我们记得牢。

除非我们花时间反复诵读和记忆，否则读得再慢，甚至多读几遍，形成的都是瞬时记忆。除非我们有万中无一的照相机记忆，否则光靠读，是不可能把书逐字逐句记下来的。所以，我们不要用嘴巴音读或默读；用眼睛读时也不要逐字阅读，要按语义单元阅读；视线不要逗留、回退和游移。

那我们该怎么克服这些阅读障碍，让自己读得快呢？克服阅读障碍有两个方向：提高视线的移动效率；让自己习惯按语义单元阅读。

提高视线的移动效率有三个办法。

第一个办法是用指尖或笔尖逐行移动来辅助阅读。我们的眼睛天生喜欢追逐运动的物体，我们可以利用眼睛的这个特点来辅助阅读。视线跟着手指移动时不易逗留、回退和游移，我们的专注力也更强。这也是克服强迫性地音读和默读的办法，我们可以加速手指的移动速度，强迫眼睛跟着手走，当音读和默读的速度跟不上手指的移动速度时，我们自然就能慢慢克服音读和默读了。

第二个办法是用一张卡片从上往下推。从第一行开始，我们每读一行就把卡片往下推一行，可以使用常见的明信片或卡片类书签。用这种办法阅读，我们永远在读第一行，换行时间和视线游移的频率更少。

第三个办法是“321”练习法。这是我从学习专家克里斯蒂安·格吕宁（Christian Grüning）那里学来的一种专门练习速度的办法。第一步：选一本书，挑一个地方，用自然速度读三分钟，看能读到哪里并在此处标记。第二步：用两分钟读完同样的内容和篇幅。如果我们在两分钟内读不完，就回到开头的地方重新读，加快手指的移动速度，直到可以在两分钟内读完这部分内容。第三步：用一分钟读完同样的内容和篇幅。如果我们在一分钟内读不完，就重新读，直到可以读完为止。

这个办法的重点是让大脑走出速度舒适区，习惯更快的速度。它的原理是限定时间，制造“高速公路效应”，当我们刚把车开到高速公路并突然加速时，会感到不适应，甚至心跳加速，但开一段时间适应后就不觉得车速快了。“321”练习法会提高大脑判断阅读速度的基准线。我们平时可以使用正常速度读书，每天花点时间练习，一段时间后，就提升阅读速度了。

克服阅读障碍的另一个方向是：让自己习惯按语义单元阅

读。什么叫按语义单元阅读呢？就是不再逐字阅读，让眼睛定焦一次就能看进去一个词组或一个短句子，这也是一目十行的秘密。

我们如何让眼睛一下看进去很多字呢？我结合《高倍速阅读法》这本书里的照相机阅读和自己的实践摸索出来一个练习办法，具体步骤如下。我们先练习让眼睛能同时看见一行的第一个字和最后一个字，可以用笔把这两个字圈出来，秘诀就是把书拿远一点，眼睛不要定焦，不要去盯这两个字，而是看书两侧空白的地方。这时我们会发现字变模糊了，这就是我们要的效果，眼睛不要定焦，因为我们的眼睛就像单反相机，定焦会让我们看得更清晰但也导致看到的东西变少了。接着我们提高难度，让眼睛同时看见一段话的四个角的四个字，可以用笔把它们圈出来。之后我们再提高难度，让自己的眼睛同时看见一本书的四个角的四个字。

有人会问："如果我这样看书，能记住什么？"我刚开始也是这么想的，但是做了这种练习后，发现一眼看半行或三分之一行真的太简单了，视野一下子被扩展了。做到一眼可以看到更多的字后，我们就可以按照语义单位阅读了。少数人能做到一目十行，就是运用这个原理，他们看一眼书，能向大脑输入很多行的文字信息。

以上几个办法帮我们干掉了第一个“速度杀手”：阅读障碍。

三、“速度杀手”二：“必须通读症”

“必须通读症”是我生造的一个词，我用它来形容一个人的阅读流程比较僵化，拿到一本书后只知道逐字逐句地阅读，不懂得根据实际情况灵活运用速读技巧。我最初看到速读这个词，想当然地以为速读是一目十行地把一本书从头到尾看完，其实并不是，速读的本质是颠覆传统地把书从头到尾读一遍的办法，是在短时间内快速抓取主要信息。

速读还有很多不同的名字，如检视阅读、略读、扫读、跳读。在开始学习速读之前，我们要放弃一种观念：“我只有从头到尾把书读一遍，才能掌握一本书的重点或才算读完一本书。”因为在很长一段时间我们都是从头到尾读书的，所以要改变这种观念真的非常难，但是迈出这一步就会发现新世界，可以很轻松地在一小时内读完一本书。

我们难道不应该脚踏实地地读书吗？为什么要这么急功近利呢？有很多人提出过疑问。这应该算是对速读最典型的误解和偏见了。针对这种疑问，我有两点要讲。第一，速读当然并不适用于所有的书籍。对于诗歌、散文、小说、国学经典等书籍，我不建议用速读，速读适用于非虚构类书籍，尤其适合那种结构非常清晰的论述类书籍。第二，速读和精读不是对立的。速读和精读并不是像赵敏和周芷若那种“有她没我，有我没她”的关系，用速读不等于反对精读，只不过两者的适用场景不同。

速读的适用场景有以下三种：选书时，当我们不确定一本书是不是好书，是否与我们的需求匹配时，速读之；选择阅读方式时，当我们不确定该浅尝辄止，还是该咀嚼消化时，速读之；当我们需要书里的某部分信息，但时间有限，不能通读时，速读之。

如果面对复杂的书，速读不足以帮助我们理解内容；面对精彩的书，速读会导致我们错过很多细节，这时该怎么办呢？我的方法就是速读后再启动精读。读书不是开盲盒，我建议对于能够速读的书，大家在精读之前都可以速读一遍，一看它值不值得启用精读流程，二为精读做准备。速读后再启动精读，和对这本书一无所知相比，我们会更渴望精读这本书，也会让精读更高效、更有针对性。精读和速读不仅不是对立的，速读反而是为了更好地精读，它们就像雌雄宝剑一样，双剑合璧的威力才是最强的，精读就像屠龙刀，深沉厚重，速读就像倚天剑，轻巧灵活。掌握精读和速读，我们就像拿上倚天剑和屠龙刀行走江湖，可以在读书世界横着走，它们的配合使用也是我后面所讲的建立知识体系的基础。

那我们该怎么速读呢？具体有以下七个步骤。

第一步：写下阅读目标。我们想解决什么问题？只要我们最后能找到想要的答案，速读就算成功了。大家千万别用精读的标准来要求速读，精读要做的是对一本书完成最大程度的吸收；而速读的本质是检索和筛选，决定哪些内容是不需要阅读的，哪些内容是需要重点阅读的。

第二步：看书名、作者介绍、内容提要、序言、前言等。书名帮助我们了解主题，帮我们给书籍做知识分类；作者介绍让我们了解作者的教育背景、工作经历、往期作品等，进而帮助我们判断内容的可靠性；内容提要给我们总结了一本书的主要内容、服务的读者对象；序言和前言展示了作者的写作动机、创作思路和章节安排，帮我们快速获知一本书的主旨和章节结构。

第三步：研究一下书的目录。目录相当于书的地图，展示一本书的整体逻辑脉络。读目录有两个重要的任务：第一个任务是挖掘关键词，我们可以用高光笔把关键词圈出来，然后找出对应的页面折起来或用索引标签做标记；第二个任务是找出自己最感兴趣、最能解决自己当前问题、最针对自己的阅读目的的章节，我们可以用高光笔把相关章节圈出来，然后找出对应的页面折起来或用索引标签做标记。

第四步：把这本书快速翻读一遍。大家不要逐字阅读，而要有选择地跳读，任务还是挖掘关键词，以及检索自己最感兴趣、最能解决自己当前问题、最针对自己的阅读目的的内容。翻读的地方包括：（1）大标题、小标题；（2）有特殊标记的字，如粗体字、斜体字或有颜色的字；（3）图片、表格；（4）摘要，很多书会在每一章的开始或结尾把重点提炼出来。

第五步：细读折起来的或做标记的重点部分。我们细读关键词附近的内容，以及最感兴趣的、最能解决当前问题、最针对阅读目的的内容。

第六步：绘制思维导图。我们提取关键词，根据目前掌握的内容，绘制一张思维导图，一定要记得以自己的阅读目的为中心。

第七步：用自己的话组织答案。绘制完思维导图后，我们可以对照思维导图，用自己的话回答阅读前想解决的问题。

速读是从整体上把握全书内容、只求概览大意的一种阅读方法。速读要达到两个要求：第一，略而不漏；第二，强调速度。但这种阅读方法，更适合有一定知识基础、对书的内容比较熟悉的读者。如果你对书的内容很陌生，那每一页内容对你而言都是新的知识，速读之后你还是要老老实实地从头到尾精读。因为一本书可能只有 20% 的内容是重点，而另外 80% 的内容是辅助你理解这 20% 的重点的，如果你略过不读这 80% 的内容，就理解不了那 20% 的重点。

所以有时候，人是没办法跟别人比阅读速度的，你的积累不够、理解力不足，别人通过速读就能很好地掌握一本书，而你就得老老实实地从头到尾精读。你的积累和理解力提升不了，速读的威力就发挥不出来。

四、“速度杀手”三：积累不够、理解力不足

有时候我们读书慢，与以上原因都无关，完全是因为积累不够、理解力不足。这时只要我们遇到稍微有点难度的书，就读得磕磕巴巴，无法加速。因为读字速度是伪阅读速度，理解速度才是真阅读速度。

我们该怎么判断自己是否有理解力不足的问题呢？我列出四个场景，大家马上就知道什么是理解力的差距。

场景一：别人花费一小时速读就可以融会贯通，而你花费许多时间精读才能有差不多的吸收率。

场景二：你认识每一个字，能读懂每一句话，但把这些字

和句子放在一起就不知道是什么意思。

场景三：面对同一本书，一个人读完一无所获；另一个人读完却收获巨大，有非常多的感触和思考，还做出了很多改变。

场景四：除了直接解决问题的实用类书籍，你看不出哲学类书籍、历史类书籍、小说等对人生的帮助。

理解力差的人读书就像把石头扔进水里，石头表面湿了，但本质没有任何变化。理解力好的人读书就像将钠之类的物质扔进水里，会产生噼里啪啦的化学反应，钠本身也改变了。

我们所说的“增进理解力”，其实是相对于另外两种阅读目的而言的。阅读目的一般有三种：娱乐消遣、获得知识和增进理解力。以娱乐消遣为目的的阅读，只是为了打发时间，读者在阅读过程中可以不思考，很难获得什么进步。我们比较难区分的是以获得知识为目的的阅读和以增进理解力为目的的阅读。

简单来说，以获得知识为目的的阅读就是在读一本书或一篇文章时，我们从头到尾都读得非常明白，理解得不吃力，没有遇到任何思维的阻滞。这说明我们在阅读这本书之前，理解力就和作者的理解力基本持平了，甚至可能超越后者。那么我们在阅读过程中只得到了知识，而没有增进理解力。以增进理解力为目的的阅读，则需要挑战一下心智，遇到思维阻滞是常有的事。我们需要费一些功夫去思考，才能从粗浅、模糊的了解推进到深入、清晰的领会。

以增进理解力为目的的阅读与前两种阅读是不同的，首先在选书上，我们要选择超出自己目前理解范围、“跳一跳”才能够得着的书。我第一次读这种书是刚上大学时读费孝通的《乡土中国》，这本书对刚刚高中毕业的我来说非常难，我花费了很多时间和精力，逐字逐句慢慢弄懂了一些后，开始用全新的角度理解自己从小生活的乡村和其中的细节。

我通过社会学家的眼睛看乡土社会，第一次模模糊糊地意识到乡下人被认为的许多“不足之处”，其实只是和城里人的“不同之处”，两种社会文化当然养出两种不同的人，把“不同之处”霸道地评判为“不足之处”是不公平的。体认自己文化的根，让我诞生了新的自我意识和文化自信。

我知道人们都喜欢轻松，不喜欢辛苦。我自己也是这样，跳出舒适区去读超越自己理解力的书，肯定比不费脑筋的阅读辛苦得多，可是理解了以前不理解的内容，这种快乐是无可比拟的。只有提升了理解力，我们才有能力去打开更多的“门”。

以增进理解力为目的的阅读与前两种阅读的第二个不同是读法的不同。以娱乐消遣为目的时，我们在阅读时可以不思考，只打发时间和获得乐趣。以获得知识为目的时，我们在阅读时运用的只有记忆力，把作者所讲的内容都装进脑袋。以增进理解力为目的时，我们就要去分析、对比、推理、联系和运用等，需要在阅读过程中观察和体会，需要调用想象力和感受力，需要做选择、下判断。

以阅读小说为例，如果我们以娱乐消遣为目的，读完把故事情节抛到九霄云外也无所谓；如果我们以获得知识为目的，就要运用记忆力，记住小说写了什么，有什么人物和情节；如果我们以增进理解力为目的，则要去分析和理解人物的内心世界和行为逻辑，分析和理解情节的因果链，甚至要像破案一样解密隐蔽的暗线。例如，陈大康在《荣国府的经济账》里就分析了林黛玉被寄养在贾府，到底是穷亲戚投奔求庇护，还是富家小姐携巨额资产找临时监护人呢？这种分析和理解能增进我们对世界的理解，能让我们从书里获取生活的智慧。

为什么有些同学对于是否记住这件事特别在意？其实很多时候就是因为他们仅仅停留在获得知识的阅读层次，如果我们获得的只有知识，自然非常恐惧遗忘。如果是以增进理解力为目的的阅读，当理解力增进时，这个理解力就是我们的，谁也抢不走，我们可能遗忘知识点，但是我们的理解力不会因为遗忘而消失。而且理解必须以知识为饵料，真正去思考分析和内化，知识会融入新的理解，成为我们世界观的一部分，然后记忆知识就是顺便的事。忽略理解力的提升，也是很多人读书多，读书快，但是进步缓慢的原因。这些人要么围着难度不大的书打转，一看到难的书就绕路走；要么读得不够深，囫囵吞枣了事。那我们该怎么增进理解力呢？办法就是跳出舒适区阅读。

第一个办法是在广度上跳出舒适区，建立一个理解力的池子。我们不要只待在熟悉的领域，比如把自己局限在所学专业中，只看与所学专业有关的书，或局限在所从事的职业中，只看和自己的职业直接相关的书。没有一个知识领域在知识世界里是一座孤岛，广泛涉猎并汲取养分，去做知识的联系和迁移，反而有利于我们深入理解单一领域。

如果我们有一个基本的理解力的池子，面对四面八方的信息，很容易做相关的串联；反过来，如果我们理解力的池子很小，那么读书时会经常遇到陌生的概念、人物、社会背景，理解起来就慢了。建立理解力的池子，是在广度上跳出舒适区，为理解打好基础。

局限在一个狭窄的领域阅读，不利于理解力的生长。我非常喜欢樊登老师的一个说法：你理解力的池子有多大，你就能读懂多难的书。他说的建立理解力的池子，其实就是建立一个相对全面的、基础的知识体系。哲学、历史、心理学、经济学、国学、管理学、社会学等都有一个基本的知识体系和一些核心概念。我们一旦建立起一个基本的知识体系，梳理清楚那些核心概念，它们就会成为我们理解其他东西的基础。

第二个办法是在难度上跳出舒适区，尝试读一些有一定理解难度的书籍。对自己而言毫无理解难度的那种书属于舒适区；有一定的理解难度，但需要我们“跳一跳”才能够得着的书属于学习区；超出我们理解力太多的书就属于恐慌区，我们尽量在学习区阅读。这里要重点关注的是各个思想领域的里程碑之作、扛鼎之作，如《国富论》之于经济学、《梦的解析》之于心理学、《社会契约论》之于政治学，它们的理解难度比较大，但一旦我们攻克下来，对增进理解力的加成是巨大的。

清华大学经济管理学院管理实践访问教授池宇峰在《书的全景》这本书的自序里这样描述自己的阅读经历：“我开始广撒网，涉猎一些我原来看得较少的领域，包括哲学、历史、宗教、社会、心理等。开始时我读得较慢，要几天甚至几周一本；积累一段时间后，再读新书时速度就会快很多，因为书中大部分信息，在以前细读的书中都知道了；再到后来，几乎可以做到一天一本书。而对于比较一般的书籍，看看前言，看看每章开头和结尾，还有后记，就知道它在说什么了，因为大部分书籍，几乎就两三个观点值得关注。我坚持每天读书，床头永远放着几本书，哪怕工作一整天后很累了，也会坚持看 10 分钟再睡觉。就这样，我又翻阅了几百本书。突然有一天，世界仿佛静止了，我停下来了。我发现大部分著名的经典书籍和流行书籍我都看过了。”

他的提速秘籍是什么呢？除了广撒网，就是读经典。他发现：“经典书籍浓缩着人类思想精华，影响着人类前进的方向，而普通书几乎都是对经典的演绎或解释，或对局部思想的再次阐述和应用，连发展的都少之又少，往往一眼就知道作者在说什么。这时，我才意识到，很多普通书根本不需要花费太多时间，它们信息浓度太低，直接读经典效率最高。”

虽然每本书都不容易读，需要花许多时间“啃”，但我们一旦读通一本书，就不必读或不必精读许多书了。这种“攻克一本、横扫一片”的提速策略，比盲目增加阅读量高级得多。我以前纠结过一个问题，是等理解力提升上去后再攻读经典比较好，还是越级挑战、直接“生扑”经典比较好呢？结论是：“啃”下有难度的书，能帮我们最快提升理解力。

第三个办法是在读法上跳出舒适区，学会使用三种层次的读书笔记。其实这个办法，我已经在前两章毫无保留地教给大家了。我的这套笔记方法、思考方法，就是跳出舒适区的读法，我刚开始用三种层次的读书笔记读书时，常常要花费一两个月才能彻底消化一本书，并完成阅读后的深度思考和自我重建，这个过程非常辛苦和缓慢。但我在做深度内化和深度思考时，从来不给自己“放水”，不会因为缓慢和思维阻滞而轻易放过自己，我很快就体会到了什么叫“少就是多，慢就是快”，我的理解力在这个过程中像竹子拔节一样地生长。

五、“速度杀手”四：无法专注

第四个“速度杀手”是无法专注。在信息时代，电子设备犹如我们的“编外器官”，我们前所未有地容易分心。我们刚开始拥抱信息流，都是希望信息流能为我们所用，这个初心让我们对铺天盖地的信息完全没有戒备心。可是渐渐地我们发现，自己总是不知不觉被短平快、情绪化的信息所吸引，经过特别设计的信息流像黑洞一样吸走我们的时间、精力和注意力，挤占我们对目标的投入。更有甚者，信息流可能直接动摇我们的目标和对目标的信念，让我们感到恐惧、不安和焦虑，很难长期、持续、专注地做某件事。

生活在这个时代，如果不刻意管理自己的专注力，很少有人不成为信息流的“提线木偶”。那如何才能专注呢？要学习专注，我们就要先了解什么是极致的专注。极致的专注被心理学家米哈里·契克森米哈赖（Mihaly Csikszentmihalyi）称为“心流”（flow），处于心流状态的我们有以下五个鲜明的特征。

第一，沉浸、全神贯注，将注意力完全投入一个目标。

第二，内心秩序井然，没有内在冲突，感到一种平静而深刻的愉悦；感到轻松和自在，有高度的控制感和胜任感，一点儿都不担心失败；负面情绪消失，我们的忧虑、压力、焦虑、恐惧和沮丧其实都来自对过去或未来的过度考虑，当完全专注于当下，负面情绪就没有存在空间了。

第三，精力充沛，完全没有累的感觉。

第四，浑然忘我，动作出于自发；知觉甚至泯灭，人与行动完全合一。

第五，时间感扭曲，似乎感觉不到时间的流逝，对时间的感知与钟表的时间走势完全不同。例如，我们可能会觉得真实的时间过得很快或很慢。

心流是生命的最幸福体验之一，我从小酷爱读书，就是因为读书是少数能让我频繁进入心流状态的活动，每次从这种状态中恢复过来，我会感到格外充实和愉快，会对它上瘾，想要更频繁地经历心流。

那我们怎么做才更容易进入心流状态呢？契克森米哈赖根据一连串的访谈、问卷和资料，总结出三个容易进入心流状态的条件：第一，有明确的目标和即时反馈；第二，目标不能太难，也不能太容易，既要有挑战，又要平衡挑战和我们的行动能力；第三，目标不假外求，也就是做一件事不追求未来的报酬，做这件事本身就是最大的回馈，过程就是奖励。我将把这些条件融入方法论。以下是我在做了大量阅读，并拿自己做了很久的实验后，总结出来的将自己调试到高度专注状态的四个步骤。

第一步：设定一个有意义、可量化的专注目标。

想要进入高度专注状态，有一点很重要：目标在先，专注力在后。有专注目标的活动更容易让我们进入心流状态，因为专注目标可以让我们的大脑结束自动驾驶模式，进入高度控制模式以完成目标。我们的理性和自我觉察会回归。

设定专注目标有三个要求。第一，目标只能有一个。一般来说，我们一次只做一件事。任务切换是专注的大忌，从一个任务分心或离开，我们平均需要 22 分钟才能恢复状态。第二，目标要有意义、有必要。所以选书很重要，能让我们动用高专注力来阅读的书，一定是我们认可的书，它可能服务于某个重要的人生目标，有某种我们所需的人生“养分”，能激发我们真正的兴趣。第三，目标要可量化。量化可以避免散漫。想象一下，你是一个学生，老师给你一张卷子，告诉你 120 分钟后交卷和告诉你 120 分钟后做不完可以带回家做，你的专注力水平有什么区别？读书也是如此，设置了可量化的目标，我们就等于给注意力这匹野马拴上了缰绳。我建议大家用页码和章节来量化，如读完 20 页、读完一章，尽量不要按时间设定阅读目标，因为“阅读 1 小时”这样的目标会把分心时间也算进去。

第二步：提前做好环境准备和精力准备。

我先讲环境准备，即提前清除和管理分心物。分心物分为内在分心物和外在分心物，所以环境准备包括大脑环境准备和外在环境准备。待完成事项，心里挂念、担忧的事，新的灵感和想法，引发负面情绪的事都会成为内在分心物，一旦脑子里都是事，我们就很难专注。我们可以用列清单的办法，把大脑里的任务、承诺和想法外化，从而释放注意力空间。在需要高度专注前，我们可以拿一张白纸，把脑子里的事都罗列出来，甚至可以给这些事做一点简单的安顿，只需要一两分钟的时间，我们就可以清空大脑环境。外在分心物则是指环境中任何有可能诱惑我们偏离当下任务的干扰物，如手机、环境中的噪声、宠物、家人、朋友等。请尽量选择安静的阅读场所，如果有常用的阅读场所，先审视环境，评估分心物，尽可能移除和减弱分心物的影响，主动打造低干扰和低诱惑的环境。在阅读或任何需要高度专注的时候，请直接把手机、平板电脑等电子设备关机，并放到眼睛看不到、手不能马上拿到的地方，如另一个房间。

如果手机和平板电脑是生产工具或阅读工具，我们该怎么办呢？我也总结了以下两个办法。第一，把手机改造成低诱惑的工具。我们可以关闭所有 App 的通知功能，自己决定什么时候打开 App；卸载时间黑洞型 App，如消遣类 App，在非常需要时可重新下载，用完再卸载；把容易消耗时间又不得不常用的 App 如购物类 App 从主屏幕移除，需要时通过手机内置的搜索功能查找，避免无意识使用和沉浸。第二，买专门的设备来学习、阅读和工作。如果一个设备涵盖了娱乐、学习、阅读和工作功能，那么娱乐功能一定会占据上风。这时最好的办法就是使用专门的设备来学习、阅读和工作，这是极为有效的抗干扰办法。

我再来讲精力准备。精力水平会影响我们的专注水平，在精力低谷期，保持专注是很困难的，这时我们要做的是给自己“充电”，而不是责怪自己不自律。

关于精力准备，常见的误区有两个：不休息和没休息对。第一个误区是不休息。不休息的人通常是努力上瘾的人，休息会让他们感到愧疚。但其实，休息不是偷懒，休息是给自己“充电”。最高效的人，绝对不是最勤奋、工作时间最长的人，而是工作时最专注、休息时最高效、精力恢复得最快的人。

第二个误区是没休息对。休息分为夜间长休息和日间短休息。夜间长休息的天敌是熬夜。我本人也经常熬夜，尝试过很多早睡的办法都不见效，而只要一熬夜，第二天就很难保持专注。现在我是一个早睡早起的人，对我帮助最大的是一本书和一个思路。

一本书是指《睡眠革命：如何让你的睡眠更高效》，这本书的作者研究睡眠科学超过 30 年，服务过 NBA 球员和顶尖商业人士等。他的书里有一整套实用的方法论，不想看原书的小伙伴可以先看我在“深夜书桌”公众号上写的读书文章《我们都被“8 小时睡眠论”给害了》。

一个思路是指“两小时换两小时”。“两小时换两小时”是指，如果我们用晚上低效工作的两小时（晚上 11 点半 ~ 凌晨 1 点半）来睡觉，就可以换来早上 5 点半 ~ 早上 7 点半这精力充沛、神思清明的两小时，这等于用两斤蔫黄的青菜换两斤刚采摘的小青菜，没有比这更划算的买卖了。每个人的生物钟不一样，两小时的范围可能和我不一样，但这个思路让我心甘情愿地在晚上 11 点半之前关灯睡觉，克服了强迫性晚睡。

大多数人懂得夜间长休息的重要性，却不懂得日间短休息的重要性和方法。很多人把玩手机作为工作间隙的休息活动，这对体力劳动者没问题，但对脑力劳动者是非常糟糕的选择。

第一，它会劫持我们的注意力，让我们欲罢不能、流连忘返，浪费大量时间。第二，它会把我们推到信息瀑布的冲刷中，我们的大脑根本没有远离脑力活动，这种“休息”只能让我们短暂地逃避工作压力，却没有让大脑得到真正的休息。第三，因为新信息的冲击，我们会越来越难以保持专注。

我推荐两种非常有效的日间短休息方法。第一种方法是碎片化运动。我们习惯把运动当成消耗，当成让身体变累的活动，但最擅长身体管理的运动员却把运动当成休息方式。日本跳台滑雪运动员葛西纪明在《不疲惫的精力管理术》这本书里说到，跑步是他消除疲劳的方法，他每年大约有一半的时间去国外参加比赛，乘坐长途交通工具让他疲惫不堪、无法入睡，他到达目的地后，第一时间不是蒙头大睡，而是穿上桑拿服跑步。按照一般人的想法都是“怎么这么累了还要跑……”，但反常识的是：身体疲惫与新陈代谢变慢有关，运动会让我们充分流汗，是迅速恢复体能、快速消除疲劳的一种方法。

第二种方法是全身扫描睡眠法，适合精力低下时的快速恢复，这是我从《番茄工作法图解》这本书里学来的方法，过去五年我几乎每天都用，尤其是在中午和傍晚的精力低谷期，它有“充电 15 分钟，通话两小时”的神奇的状态重启效果。具体步骤如下。

（1）**找一张椅子、沙发或床，用最放松的方式平躺或仰靠半躺，脖子、手臂、腿都要完全放松。**我以前试过趴在桌子上，这个姿势的效果不好，因为不能放松手臂。

（2）**定一个 5 ~ 15 分钟的闹钟。**我们的目的是短休息，而不是长睡，长睡会破坏工作的节奏。

（3）**想象有一台光扫描仪，有一条明亮的水平线从头到脚、从上到下缓慢地移动，把注意力集中在光带所及之处的全部肌肉，让它们进一步放松。**这其实就是一个简单的冥想，一般瑜伽课程的最后都有这个环节，教练会说："头皮放松，眉毛放松，眼睛放松，鼻子放松……"我们可以在心里默念口令，念到哪里，就把注意力集中到对应的身体部位，同时放松那个部位的肌肉，然后那个身体部位就会神奇地放松下来。

（4）**想象有一个白色、巨大的矩形轻轻地飘浮在空中。**完成全身扫描之后，我们可以想象有一个白色、巨大的矩形轻轻地飘浮在空中，这是为了让我们的意识抽离，不再思考刚才所做的事或接下来要做的事。清空思想、控制自己不思考是很难的，尤其像我这种思维活跃的人，想象一个白色矩形是绝妙的方法，因为只要我分心，白色矩形就会消失。为了维持住这个白色矩形，我要集中意念，通常想象这个白色矩形几分钟后，我就会睡着。

（5）**起床工作**。我们可以喝点水或稍微活动一下身体来帮助恢复清醒。我的经验是：就算没有入睡，起来的时候也会感到神思清明，卸下了所有疲惫，一片混沌的大脑就像一块被擦得干干净净的白板。

如果我们现在就觉得精力不济，可以合上书，马上试一下。

第三步：克服最初的抗拒。

做好了环境准备和精力准备，我们可能还是没办法保持专注，很可能因为最初的抗拒而迟迟不开始，转而投入另一件事的怀抱。我们一般把这种状态描述为“拖延”，但我们要理解自己的抗拒，大脑天生喜欢做容易的、更有吸引力的事。

我们首先要觉察自己的不适感，做一个不自我评判的观察者，写下这样的句子：当我担心没办法按时完成一件事时，我会拿起手机；当我觉得复杂、困难、不能胜任的时候，我会拿起手机；当我独自面对某件事有压力的时候，我会找朋友闲聊，即使他们根本帮不上忙；当我觉得无聊时，我会拿起手机。觉察到自己的行为模式，才不会重复地掉进同一个坑里。

然后，我们要温柔地对待这些不适感，既然分心是不良的缓解不适的方式，我们就换一种更健康的方式来缓解不适。进入心流状态的条件之一是：目标不能太难，也不能太容易，既要有挑战，又要平衡于挑战和我们的行动能力。也就是说，当我们要专注于复杂任务的时候，最重要的是克服自己的畏难情绪。我们可以用“4S法”来克服自己对专注的抗拒。这个方法来自《练习的心态：如何培养耐心、专注和自律》这本书，“4S”是指：简化（simplify）、细分（small）、缩短（short）、放慢（slow）。

简化是指定一个能达成的目标。我们明明30分钟只能读10页书，就不要要求自己读完50页，不切实际的目标让我们感到挫败和自我怀疑，然后产生压力，进而逃避。

细分是指把复杂的事情细分成小步骤。例如，我把写读书文章这个复杂的事情细分为复习思维导图笔记，筛选最有启发的3～5个要点，找到一种逻辑把几个要点串起来，想出延伸的分论点并为每个分论点寻找案例，整理写作大纲，按照写作大纲一节一节写稿子。当把复杂的事情细分成小步骤后，我们对这件事的抗拒心理就消解了一大半。

缩短是指把专注时间缩短。专注1小时很困难，那专注5分钟呢？我们尽量缩短专注时间，直到自己不再有抗拒心理。每个人的专注力不一样，持续专注的时长也是不一样的，我们可以观察记录自己的专注时间，挑一个自己能做到的、不感到抗拒的时长。而且专注时间会随着练习慢慢变长，就算我们刚开始只能专注5分钟，通过练习也可以慢慢专注10分钟、20

分钟。

放慢是指忘记速度、效率和进度，把注意力全部集中在过程中。容易进入心流状态的一个条件是目标不假外求，过程就是奖励，我们通过读书是很容易做到这一点的。在掌握阅读速度的这一章讲放慢，似乎是一个悖论，其实不然。如果我们聚焦过程，聚焦当下，把精力集中于正在做的事情，我们期望的结果自然就会出现。但如果我们迷恋速度和效率，马上就会对过程感到厌倦，反而得不到速度和效率。当我们进入心流状态，即巅峰的专注状态，其实就不再计较效率和进度了，因为我们知道自己不可能更快了。

第四步：接纳中断，分心后将注意力拉回到目标上。

最完美的状态当然是一直专注、不分心，但达到这种状态并没有那么容易，分心是一件非常正常的事。所以我们不要把中断当成失败，不要因为分心而自责，这样只会让我们不断地感到挫败，慢慢对“保持专注”完全丧失信心，觉得自己肯定做不到，然后为了逃避这种不适而摸出手机。中断是正常的，我们要做的是建设性地处理中断，并在中断后把注意力拉回到目标上。

那我们应该如何建设性地处理中断呢？方法是接受、处理分心物并继续。接受就是接受中断这个事实，这是正常的，不是失败。处理分心物就是回到第二步，处理闯入的分心物。如果它是内在分心物，我们就把它记录到分心物清单中，通过写下来把它从脑子里赶出去。我们可以记录自己的中断原因，作为后续复盘的参考，知道自己最经常因为什么原因而中断，可以在以后做环境准备时提前处理分心物。如果我们因为精力耗尽而频繁分心，就休息一下，给自己"充电"。继续就是继续手头上的工作，避免自己真的被打断。

以上就是进入高度专注模式的四个步骤。练习专注其实是一辈子的事，我们生活在注意力随时可能被精心设计的信息流劫持的信息时代，这种练习尤其重要。我们还可以通过冥想和正念来练习专注。

六、"速度杀手"五：时间管理、精力管理和优先级管理存在问题

我们前面讲了四个"速度杀手"：阅读障碍，"必须通读症"，积累不够、理解力不足，无法专注。但很多时候我们的阅读速度慢，和这些都没有关系，而是因为时间管理、精力管理和优先级管理存在问题。

什么叫时间管理有问题呢？我们实现任何一个目标，所需

的最重要的资源其实是时间。两个人有同样的潜力，但是一个人每天只花 10 分钟读书，另一个人每天花两小时读书，他们进步的速度肯定是不一样的。时间管理有问题，就是抽不出时间来读书。

什么叫精力管理有问题呢？精力状态决定我们的效率，有时候我们安排了读书的时间，如睡前两小时，可是睡前两小时是一天里精力状态最差的两小时，我们根本读不进去书。

什么叫优先级管理有问题呢？就是我们安排了时间来读书，也分配了精力比较好的时间段来读书，可是只要一有其他事情，就把读书作为一件重要但不紧急的事情往后推。也许有的人不是故意的，也想读书，但并没有给读书较高的优先级。当我们说“没时间做某件事”的时候，真正的意思是它不够重要。

那我们该怎么办呢？第一个办法是让读书成为生命中一件重要的事。我们把读书作为个人成长和接近目标的重要手段，重视学以致用，把读书变成必需品，而不是装饰品和消遣品。

第二个办法是养成读书习惯，定时定量读书。读书是最需要“日日不断之功”的事，每天在固定的时间段完成规定的阅读量，可以保证读书的优先级。但读书习惯是最难养成的习惯之一，我会用专门的一章来解决这个问题。

第三个办法是利用被动时间，提前规划好被动时间的使用。

什么叫被动时间呢？就是在这个时间段里，我们的活动是受限制的，如上班的通勤时间、排队的等待时间等。当我们坐两小时的飞机、四小时的动车、一小时的地铁时，完全可以带一本书来读，但是如果我们不提前规划好，就浪费掉这个时间了。我们也可以读电子书，或者把薄的书放进包里，把厚的书按章节拆开再放进包里。

第四个办法是使用听书产品。什么时候最适合使用听书产品呢？就是我们需要做另外一件不用动脑的工作，如洗澡、做家务、走路上班、健身跑步、开车时，这个时候我们的手脚在动，但是脑子是闲置的。但我们不能完全依赖听书产品，因为听书产品不遗余力地降低听众的理解门槛，就像把食物嚼好了喂给我们，这不利于我们提升理解力和思考力。

七、阅读是不是越快越好

在这一章，我总结了五大“速度杀手”并给出了对应的解决方案，所有内容都是围绕如何提高阅读速度和阅读效率展开的，但阅读是不是越快就好呢？答案是否定的。读得太快也可能有问题，要么是囫囵吞枣、走马观花，读得多收获少，要么一直在读根本不值得读的书。

关于速度，我一直信奉和践行《如何阅读一本书》教给我的理念：所谓阅读速度，理想上来说，不只是要能读得快，还要能用不同的速度来阅读——要知道什么时候用什么样的速度阅读是恰当的；在阅读一本书的时候，慢不该慢到不值得，快不该快到有损于满足与理解。

不同难度和篇幅的书，需要的阅读速度是不同的；同一本书的不同部分需要的阅读速度也是不同的；带着不同的阅读目的，同一个人对同一本书的阅读速度也是不同的；不同知识储备和理解水平的人阅读同一本书时，阅读速度也是不同的。我们在该快的时候，要攻城拔寨地快，在该慢的时候，要有勇气慢下来，快不要快到有损于理解和吸收，慢不要慢到不值得。这就是理想的阅读速度。

为什么我把这一章叫"掌握阅读速度的能力"，而不叫快速阅读的能力，因为自如地选择合适的速度来阅读不同的书籍，才是我们真正要培养的能力。

第四章

阅读不同书籍的能力

本章思维导图，请扫描二维码查看。

一、为什么要读这一章

在这一章，我们将要解锁阅读的第四个能力：阅读不同书籍的能力。阅读高手和阅读“小白”，有两个非常大的区别。

第一，阅读“小白”就读一两种书。例如，他们只读实用类书籍，只读历史类书籍，或只读小说，对于诗歌、哲学、心理学、社会学、经济学类的书，连看都不看一眼。阅读高手特别明白，一个人摄取信息的质量、广度和复杂度，决定了自身认知的质量、广度和复杂度。不同的书籍以不同的方式滋养着我们的生命，给予我们看待世界的不同眼光和不同的思考方式。

第二，阅读“小白”对待所有的书都采用一种读法，从来没有想过不同的书应该有不同的读法。大家不会用同一种吃法吃火锅和西餐，对待不同的书也应该用不同的读法。

所以阅读“小白”要想进阶成阅读高手，一定要具备的一项能力就是：阅读不同书籍的能力。这一章的目标是什么呢？第一，帮助只读一种书或只读一两种书的读者真正理解“不同的书籍以不同的方式滋养着我们的生命，给予我们看待世界的不同眼光和不同的思考方式”这句话，让他们建立一个更开阔的阅读观。第二，解决“读不进去”“不会读”的问题。很多时候我们都知道这是好书，知道应该读，但非不为也，实不能也，如哲学书，翻开后就是读不进去，觉得“难啃”。这一章不仅会帮助大家无痛苦、快乐地入门，还会教给大家不同书籍的针对性读法。

二、书籍的分类

要做针对性的阅读，我们首先要对书进行分类。书有两种分类方式：一种方式是按照人的目的和需求来分类；另一种方式是按照学科来分类。

（一）按照人的目的和需求来分类

按照人的目的和需求来分类，是以人为中心的分法，聚焦书对人的价值。这是郝明义在《越读者》里的分法，他提出一个观点：阅读就像给我们的头脑进食，我们不能偏食，要保持营养均衡。他把阅读分为四种：主食阅读、美食阅读、蔬果阅读和甜食阅读。四种不同的阅读分别对标不同的书。我觉得他的分类方法，可以帮助我们很好地审视自己的阅读构成。

1. 主食阅读

主食阅读是指为了寻求在学习、工作、生活中的一些现实问题的直接解决方法而进行的阅读。例如，学生读教科书，上班族读提升职场能力方面的书籍，专业人士专攻某个专业领域的书籍等，都属于主食阅读。主食阅读是实用型的阅读，是解决生存需求的阅读，对标实用类书籍。对主食阅读的需求最旺盛的人大多是在学习、工作和生活等方面有压力的人。我们离不开主食，但只有主食是不够的。

2. 美食阅读

在我们基本的生存需求被满足后，我们就会追求更精致可口、健康营养的食物，即美食。主食阅读的不足，可以由美食阅读来补充。那什么是美食阅读？美食阅读不求针对我们人生的现实问题提出直接的解决之道，但可以帮助我们从一个间接，但是非常根本的方向思考这些问题的现象和本质是什么。美食阅读对标的书籍常常是文学、史学、哲学和社科类图书中的经典。

为什么只有主食阅读是不够的？为什么我们还需要美食阅读？在很长一段时间，我都回答不好这个问题。用阅读来寻求现实问题的直接解决方法，似乎并没有什么不妥之处，这不就是阅读最大的作用吗？这么一想，和能直接帮助我们解决现实问题的书相比，其他书似乎都是无用之书，我因此一度沉湎于主食阅读，不停地寻求各路方法论以提高实现目标的效率。从表面上看，我一直在成长，心里却越来越觉得自己被困住了，被困在一种生活方式、一种价值观、一种被描述为“内卷”“精神内耗”“焦虑”的时代病里。直到我接触到一组概念——“工具理性”和“价值理性”，我才对这个问题豁然开朗。

“工具理性”是著名的社会学家马克斯·韦伯（Max Weber）提出的一个概念，他认为人的理性可以分为两种，一种叫工具理性，另一种叫价值理性。工具理性是通过精确计算功利的方法来有效达成目的的理性。被工具理性指导的人，行为模式就是针对特定的目标，他们通过理性计算，找到最优化的手段去实现这个目标。而价值理性关注目标本身（如考了多少分，上了排名第几的学校，赚了多少钱）是否合理，关心道德、尊严和审美这些价值。被价值理性指导的人会去审视目标：这么做真的值得吗？这么做真的有意义吗？这么做真的会让自己更幸福吗？韦伯对现代社会的一个犀利诊断就是，工具理性压倒价值理性，带来了现代人深层的精神危机。工具理性如同火车，价值理性如同铁轨，铁轨让火车在正确的道路上行驶，如果铁轨出了问题，这列火车的性能再好、速度再快，也是越努力越偏离真正的目标。

主食阅读是指向工具理性的，它激活的是工具理性，主食阅读的价值就是工具理性的价值，主食阅读的狭隘和不足，就是工具理性的狭隘和不足。美食阅读是指向价值理性的，它激活的是价值理性，它帮助我们跳出工具理性，去审视自己的人生，去做一个真正的人，而不只是一个工具。

美食阅读是会渐渐改变我们内核的书，它们看起来“无用”，但改写的是我们对人生的底层信念，常常给我一种“无用之用，方为大用”的感觉。当然这种内核的改变常常不是通过一两本书就完成的，而是通过一系列看似是“无用之书”的书连点成线，形成巨大的影响力，然后完全改变我们的活法。其中对我影响很深的一本书是加缪的名篇《西西弗神话》。

西西弗是希腊神话中的一个人物，他得罪了诸神，诸神罚他日复一日地将巨石推到山顶。而每当他用尽全力将巨石推上山顶，巨石就会从他手中滑落，重新滚回山底。西西弗只好走下去，重新将巨石推向山顶。他就这样日复一日，陷入没有止境的苦役中。我突然发现，我们每个人都可能是西西弗，“上好大学”“一份好工作”“升职加薪”“买房”等都是我们头上的山顶，每当我们推着巨石艰难上山，终于登顶，准备欢呼庆贺时，石头咕噜一下就滚到了山脚，山顶又换了新的名字。

洞察到这种不断推石上山，直到死亡的荒诞命运，我感到心惊。长期以来，我的眼里只有目标，我就是那种一门心思推石上山的人。我追求极致的效率，只做和目标有关的事，把其他事情视为浪费时间。我不允许闲暇的存在，不敢睡懒觉，舍不得花时间和朋友闲聊，陪家人的时候也心不在焉。我把生活过得潦草又荒芜，担心自己太慢，担心自己失败，无时无刻不处于焦虑当中。哪怕实现了目标，山顶的快乐也很短暂，我很快就要推新的石头。我开始反思这种“唯目标论”的紧绷生活，开始注意生活和事业的平衡，试着享受闲暇，学习从平凡的日常里获得幸福，从家人和朋友的陪伴中汲取养分。美食阅读改变了我的生活观，第一次真正把我从长期的精神内耗中解脱出来，让我重新设计了自己的活法。我切切实实地体会到了主食阅读“治标不治本”的缺陷。

这就是指向价值理性的美食阅读的魅力，它没有告诉我任何具体的方法论和行动指南，但它产生的影响将覆盖我的余生，这就是我理解的“无用之用，方为大用”。美食阅读带给我们的好处没有主食阅读那么明显，但它的影响持久而深刻。

3. 甜食阅读

第三种阅读是甜食阅读，即没有什么特别的目的，就是为了娱乐消遣的阅读。甜食阅读是满足休闲需求的阅读，追求的是阅读的快感和沉浸感，对标的书籍包括漫画、武侠小说、推理小说和言情小说等。

那甜食阅读值得花时间吗？有一种阅读观，不太看得上甜食阅读，他们崇尚阅读那些具有教育意义、能改善生活、提升自我、增进理解力的书。但我觉得读书应该是一件快乐的事，如果我们无法从其中获得快乐，将很难长期进行这件事，所以大家用不着把甜食阅读看成洪水猛兽，视为在浪费时间。

我人生中熬的第一个夜，是在初中放暑假时，在同学家看几本封皮丢失的、纸张已经发黄的《天龙八部》。十几年前的农村孩子除了课本，基本没有课外书，我当时一看就入了迷，毫无困意，不知不觉间东方已白。适合进行甜食阅读的书最容易吸引读者，尤其会让初级读者爱上阅读。大家只要尝过一回这种极度沉浸的快乐，就很难忘掉了。虽然后来我的阅读范围很快超越了武侠小说，但我至今感谢它引我入门。

我对甜食阅读的观点是：第一，甜食阅读有它的价值，它最吸引人，最容易让人获得沉浸的快乐，所以最容易激发阅读兴趣，许多爱读书、好读书、擅读书之人最初的阅读兴趣，都是被甜食阅读激发的；第二，甜食吃多了会烂牙，甜食阅读忌讳沉迷、挤占其他阅读的空间，我们别把甜食阅读当成阅读的全部；第三，甜食阅读反而比美食阅读更需要追求品位，这是郝明义说的，我深以为然，就像看电视剧，一部好剧和一部烂剧带给我们的体验是完全不同的。

4. 蔬果阅读

第四种阅读是蔬果阅读，即查阅式的阅读，通过查阅来补充信息缺口以帮助理解。例如，我们在阅读过程中，遇到不懂的字词和典故等，需要查阅工具书，这就很像吃蔬菜水果来补充维生素。蔬果阅读对标的书籍包括《辞源》《辞海》等字典类书籍，《不列颠百科全书》等百科类书籍，《上海年鉴（1852）》《中国经济学年鉴（2012）》《中国电影批评年鉴（2016）》等年鉴类书籍。年鉴类书籍的信息密度大、材料准确。蔬果阅读是纯工具性阅读，是为了参考和查证，我们一般不会从头到尾地读工具书，会在需要的时候拿工具书来查阅资料，不需要的时候将其放回书架。

按照主食阅读、美食阅读、甜食阅读和蔬果阅读对标的书籍来分类，是按照人的目的和需求来对图书进行分类的，但每个人的阅读目的都是非常主观的。有的人读一部经典网络小说可能属于甜食阅读；而另一个写小说的读者抱着拆解学习的目的来读，那就属于主食阅读。一本书，如经典小说，可能同时满足甜食阅读和美食阅读的需要。我们无法确定地说，某本书一定属于某种阅读的范畴，四种阅读都有各自的价值，这种分类方式的主要作用，是供大家审视自己的阅读构成，然后有意识地去选择信息摄入渠道，构建更精彩的人生。

最后我还有一点要提醒大家，四种阅读都是我们需要的，但不同成长阶段的需求是很不一样的。例如，在初入社会的个人发展初期、工作或创业几年后的瓶颈期、换工作的适应期，我们对主食阅读的需求会非常旺盛，这是非常正常的，并且我们就应该对这种需求予以积极回应。在生存需求被解决后，人生进入“深水区”，面对各种各样的精神危机，我们会非常需要美食阅读来帮助重新审视人生。所以四种阅读各有价值，大家需要根据不同成长阶段的需求来调配合理的比例。

（二）按照学科来分类

第二种分类方式是按照学科来分类，即按照文学、史学、哲学、社会科学和自然科学来分类。我们之前强调过，提升理解力的一个关键是要建立一个基本的理解力的池子，有一个全学科、全视野的基础知识体系，以便为理解更深、更难的东西打好基础。这也是我们需要具备阅读不同书籍的能力的一大原因。

接下来我会讲非常具体的读法，我主要讲普通人最经常读的几类书：实用类书籍、哲学和社科类书籍、小说和历史类书籍，我争取逐个把为什么读和该怎么读讲清楚。

三、不同书籍的读法

（一）实用类书籍的读法

1．实用类书籍的价值

大家正在读的这本书，就是一本实用类书籍，实用类书籍就是给我们提供解决问题的方法的书籍，它告诉我们在某个行为领域，为了达成某个目的，该怎么做才能更好。我这本书讲的就是在阅读这个行为领域，怎么做才能最大程度地从阅读中受益。

读实用类书籍有一个特点：我们读的书会随着自身的发展而变化。可能我们在二十多岁时读的是如何进行自我管理和实现个人成长的书；在三十多岁时读的是如何管理团队、投资理财、育儿的书；在四十多岁时读的又是另一个层次的书了。每本书对我们来说都是一个台阶，我们踩过这个台阶，应该到更高的地方去，我们的阅读也要随着个人发展不断更新和进化。我总觉得阅读实用类书籍的人是可敬的，人生遇到困境，不管是大困境还是小困境，比起习得性无助、站在原地抱怨的人，通过阅读获取更优秀的人的智慧来解决问题，是一件很高贵的事情。孔子在给《易经》写的《象传》里说："天行健，君子以自强不息。"实用类书籍的价值和带给我们的感动就在这里，它让我们成为自强不息、永不自弃的人。

2. 如何读实用类书籍

实用类书籍有千百种编排方式，但无论它的主题是什么，章节名字是什么，逻辑顺序是什么，它就像一条鱼，不管什么鱼，肯定有鱼头、鱼尾和鱼身体。无论一本实用类书籍写了什么内容，它就是由三部分组成的：是什么、为什么、怎么做。

是什么，是指作者的写作目的是什么，他要解决的具体问题是什么。我们一般可以在书名、内容提要和前言这些地方找到作者的写作目的，这关系到我们要不要读这本书。只有作者的写作目的和要解决的问题与我们契合，这本书对我们才是有用的。怎么做，即作者提供的行动建议。作者建议用什么方法来解决问题、达成目的，这是我们在阅读时需要提取的重点。为什么，就是解释原理，解释为什么这些行动建议是有效的。这决定我们要不要按照作者的建议去做，我们只有被作者说服，才会把他的行动建议付诸实践。这就是实用类书籍的底层框架，我们只要用这个框架去读实用类书籍，思路就会非常清晰。

我以《微习惯：简单到不可能失败的自我管理法则》这本书为例来讲解。第一步是界定“是什么”。作者的写作目的是什么？它要解决的具体问题是什么？这本书想解决的是习惯养成领域的问题：大多数人设定目标后非常容易半途而废，然后陷入内疚和自我攻击中，那么该如何解决这个问题呢？作者的写作目的是打破“道理都懂就是做不到”的魔咒，让读者无痛苦、无负担地养成习惯。

第二步是找出行动建议。作者的建议是采用微习惯策略。微习惯策略包括设定微目标和自由超额。设定一个微目标，如每天读半页书，如果半页书还会让我们有抵触心理，我们甚至可以改成每天打开书读一行字。微目标规定我们的行为下限，但它没有上限，因为完成微目标后我们可以自由超额。按照微目标，每天读一行字就算完成目标，但如果我们一不小心连续读了好几页或半本书，当然也没有问题。

第三步是找出原理，解释为什么微习惯策略有奇效。作者讲到了大脑工作的原理、意志力损耗规律，引用了自主性对内在动机具有强大影响力的心理学研究结论来回答这个问题。

明白了实用类书籍的底层逻辑，我们就很容易抓住一本实用类书籍的重点。因此，实用类书籍非常适合用速读法，很多时候我们不需要一字一句地读完，只要能找到是什么、为什么、怎么做的答案，就基本掌握这本书了。实用类书籍还非常适合用听的方式来“看”，听书产品一般就能很完整地把是什么、为什么、怎么做的问题讲清楚。

我们在挑选和评价实用类书籍时也是围绕这个逻辑。一看“是什么”，如果作者的写作目的不是我们的行动目的，作者想解决的问题不是我们的疑问之处，那这本书就不值得我们花时间看。二看“为什么”，如果一本书解释不清楚“为什么”的问题，那我们随时可以放弃阅读，一本无法说服读者照着做的实用类书籍，是失败的。三看“怎么做”，如果我们照着作者给的行动建议去做，却没有拿到想要的结果，那这本书就不算一本好书。

读实用类书籍，我们要记住两句话。第一句是“改变只能在现实中发生，而不是在书本中发生”。第二句是“行动只能从你自己开始，没有人能替你开始”。读实用类书籍最重要的是照着去做，读时激动，读后感动，然后一动不动，是读不好实用类书籍的，我们必须“撸起袖子加油干”。当然，只会照本宣科、按部就班，也是读不好实用类书籍的，我们常常要根据书籍内容做举一反三、因地制宜、因人制宜的创造。

（二）哲学和社科类书籍的读法

1. 为什么要读哲学和社科类书籍

在这一章我们讲的是阅读不同书籍的能力，我除了讲该怎么读不同类的书，还想试着告诉大家“为什么读”。我希望大家不要回避这个问题，不要因为所谓的“功利”而耻于回答这样的问题。在读某本书或某类书之前，大家都可以好好想一想：为什么读？

我们为什么要读哲学和社科类书籍呢？对于这个问题，我思考了很多年，就算到了写这本书的时候，我也不敢说得到了最终的答案，我只能说把我的思考拿出来和大家分享，供大家参考。

首先，哲学和政治学、经济学、社会学、心理学等社科类经典书籍，是人类思想的精华。我们的世界为什么是今天这个样子？我们为什么像现在这样思考？我们的价值观和道德观，可以说统统是由那些重要的思想塑造的。和我们生活息息相关的法律、教育、商业、社会服务和公共行政，统统都是在哲学和社会科学的概念和方法的基础上发展出来的。我们要想理解世界并看透本质，得回到思想本源上去阅读，只有这样才能建立起可靠和清晰的认知框架。

其次，读哲学和社科类经典书籍是在围观优秀的思考者的思考过程。很多哲学和社科类经典书籍的作者，被称为哲学家、思想家、政治学家、经济学家、心理学家和社会学家等，他们是人类历史上特别会思考的一群人。读原著就是围观这群人如何思考和解决问题，如何反驳定见、偏见和旧观念，如何推导出自己的结论，如何构建出一个直接影响后来人思考方式的框架，以及如何为这个新框架发明新概念。对我来说，读这类书最重要的收获之一就是在这种围观中，领会思考的魅力，学习如何独立思考。我一直和我的学员说，通过看讲如何思考的工具书来学习和思考，是次等的选择，最好的选择是围观最会思考的那些人，看他们在人类社会还没有像现在这样成熟的时候是怎么把一切梳理清楚的，怎么决定人类社会的走向的，他们才是最好的老师。

最后，读哲学和社科类经典书籍还有一个额外的收获，我们会因为阅读而变得自信。当我们见识过人类最优秀的头脑是如何思考的，就不太容易在生活里遇到稍微优秀一点、稍微有一点见解的人就妄自菲薄。

2. 如何读哲学和社科类书籍

在这里我想把哲学类书籍和社科类书籍放在一起讲解，因为对于这两类书，我的阅读思路是一样的。我分享的是普通人的阅读策略，教普通人如何不被这座庄严肃穆的“知识大厦”吓得腿软，让大家找到一个小门溜进去，在里面找到自己最需要的东西。

（1）第一步：找到一本好的入门书

普通人读哲学和社科类书籍的普遍问题是：觉得难懂，读不进去，不知道看这些书有什么用。所以我们不能硬读，硬读只会破坏阅读兴趣。我的诀窍是选好入门书。好的入门书会让我们燃起强烈的阅读兴趣，会让我们迫不及待想知道更多，会带领我们领会到之前不曾领会的妙处和魅力。好的入门书通常通俗易懂、理解门槛低，有些还趣味十足。但这些都不是关键，关键是它能帮我们搞清楚一个问题——这门知识和“我”有什么关系？我反复强调过一个观点，兴趣的本质是相关性，对一本书能否产生兴趣的关键是，我们能否找到某本书、某类书和自己、自己的真实人生、自己已有的知识和阅历之间的相关性。

我的女儿小房子今年 4 岁了，每晚听《西游记》的故事音频入睡，已经把这个故事翻来覆去听了许多遍，是一个《西游记》的“十级学者”。当春天的海棠花开了，我就领她背李清照的《如梦令·昨夜雨疏风骤》，她最感兴趣、最有感觉的永远是“试问卷帘人，却道海棠依旧”里的“卷帘”二字，只因为沙僧在天上是“卷帘大将”。知识和我们的相关性越强，我们的兴趣就越浓厚，无论孩童还是成年人皆是如此。如果入门书能把知识和我们的相关性讲清楚，我们就能明白“看了有什么用”这个问题。

我的哲学入门书是尼采的《快乐的知识》，这本书并不浅显易懂，刚上大学时我只能读懂局部，并且不确定自己的理解对不对，可是它却给了我 20 年阅读中的唯一一次狂喜。这本书更像尼采思想的“边角料”，他更重要的思想似乎在《查拉图斯特拉如是说》《悲剧的诞生》《论道德的谱系》《偶像的黄昏》这些代表作里，在大学图书馆里，我也翻阅过这些代表作，但明显感觉当时的我无法胜任这种难度的阅读，因为我找不到自己和这些书的相关性。但读《快乐的知识》的每一页，我都能找到自己和它的相关性。《快乐的知识》是一本语录式的小书，用尼采自己的话来说，他思考问题就像洗冷水澡一样快进快出，所以这本书比较好读。

以下是我当时摘录的句子和当时的感想。尼采说："知识深奥者致力于明晰；当众故作深奥者致力于晦涩，因为众人以为凡见不到底的东西皆高深莫测，他们胆小如鼠，极不情愿涉水。"我当时的感想是：知识深奥者一定会把道理思考得清清楚楚，也表达得通俗易懂；那些故作深奥、把道理表达得晦涩难懂的人无外乎两种情况，一种情况是他自己还没有透彻地搞懂，所以"弄点烟雾"，显得自己深不可测，另一种情况是他带有精英的优越感和虚荣心，恨不得给求知者多设几个路障，把求知者堵在高墙外。这就是知识深奥者和故作深奥者的区别。

这个感想对我的阅读和写作都产生了很深的影响。作为读者，我克服了理解力自卑，成了一个非常有自信的读者，我开始相信，如果一本书写得让我看不懂，不全是我的问题，也可能是作者的问题。如果一个思想足够重要，一定和每个普通人都有关，如果作者思考得足够彻底，一定可以深入浅出地讲给初学者听。从此我读书的胆子就肥了起来，我的想法从"我读不懂，我好笨，我是一个差劲的读者"变成了"你讲得我听不明白，我要换一个能让我听得明白的老师"。当然，这并不是说，我们就放弃读晦涩难懂的书籍，而是当我们不能直飞到某个目的地时，可以在中间找几个中转站换乘过去，最终也能到达目的地。这也是“找到一本好的入门书”这一步的思想来源。

作为作者，我尽可能写得清晰、易懂。如果读者看不懂我写的内容，觉得我写得云山雾罩，一定不是读者的问题，而是我这个作者的水平不够。无论哪个作者，只要想将一个思想传播出去，一定要去适应广大读者的理解力，而不是让读者去适应他的理解力。

在阅读《快乐的知识》的过程中，像这样的触动和启发竟然多达 158 处，我陷入了被巨大的获得感包围的狂喜中。当时的许多延伸思考，在十多年后依然影响着我。而且尼采的文风颠覆了我对哲学家的印象，我印象中的哲学家都是像康德那样的，他们的语言理性而枯燥，会用抽象的词汇建起一座座让人望而生畏的“大厦”，而尼采的语言是感性、优美和充满激情的，如“你离群索居，无比落寞，没有永久的看护人和朋友，生活中连眺望远山的机会亦不可得——山头白雪皑皑，内部有沸腾的岩浆”“只是一种迷人的可能性罢了”。我被这些语言彻底迷住了，被哲学、哲学家迷住了，也被思考这件事迷住了。这就是入门书的作用，回顾我的阅读史，我发现自己一发不可收的阅读兴趣都是被某本特定的书点燃的。

那我们该怎么选入门书呢？我们选入门书时可以任性一些，

我甚至鼓励大家勇于弃读，如果实在找不到某本书和自己的相关性，那就“掉头走”，不必勉强。我们可以请专家推荐，也可以快速试读，有了微信读书这样的电子书平台，试读和选书是非常方便的。我更推荐试读，因为兴趣点是很主观的，让我手不释卷、废寝忘食的《快乐的知识》，对其他人而言有可能是索然无味的。即使我们一时找不到合适的书也不要紧，只要知道自己在找一本什么样的书，时时留意，很快就能找到的。

（2）第二步：用史和概论来概览全局

我之前讲速读时说过，我们可以用速读为精读做准备，先速读再精读。这就像去迪士尼游玩前拿到了标注必玩项目的地图，我们不会在一般的项目上浪费太多时间。这是单本书的阅读策略，但把这个策略用在某个学科或领域也是一样的。当我对某个学科或领域产生兴趣后，我是不愿意“蒙着眼睛往前走”、撞到什么就读什么的，我也想拿到“标注必玩项目的地图”。那我们如何拿到这个“地图”呢？我的方法是用学科史、思想史和概论来概览全局。

我尝到这个方法的妙处，完全是出于偶然。我的心理学入门书是弗洛伊德的《梦的解析》，当时我并不知道精神分析学派，甚至“心理学”对我来说都是一个很新的词汇，我纯粹就是对解梦这件事感兴趣，才从大学图书馆里借走这本书，我想要一套更靠谱的解释框架。这本书是彩页的，配了许多插图，还用加粗字贴心地标注好重点，虽是一本学术专著，但对初学者极为友好。可是等我开始对心理学感兴趣，想了解更多的时候，我却迷茫了，心理学山头林立，不同的思想和派别有很多，到底什么是心理学？有一天我意外发现了叶浩生的《心理学通史》，这是心理学领域的专业教材，分为三篇，上篇是心理学思想史，中篇是心理学流派，下篇是心理学新发展。我当时试读了几章，发现这就是我现在最想要的书。我闯入一个叫作"心理学"的超大风景区，迷路了，这本书就是一个超级专业的导游。这本《心理学通史》差不多有新华字典那么厚，有四本新华字典那么大，我读了一个多月，第一次体会到什么叫"有些书是能以一敌百的"。看完整个心理学的发展脉络，我知道了心理学是怎么一步一步发展到今天的，中间有哪些重要的节点，不同的心理学流派产生的历史背景是什么，这些心理学流派的开创性、创新点、对今天的影响是什么，重要的心理学家都有哪些人，他们的核心主张是什么。

作为初学者，通过这样的阅读，当然是无法完全吸收掌握某个学科或领域的知识，但能有一个大概、总体的印象，帮助也是极大的，我们相当于对这个学科或领域完成了速读，概览全局，心中有数。这一步最重要的任务有两个。第一个任务是浏览一遍某个学科或领域的发展脉络，搞清楚来龙去脉。第二个任务是找出关键思想家、关键书目和关键主张。关键思想家是在这个学科或领域超越前人、影响后人、有自己独特的创新点和贡献点的人物，关键书目是奠定这些关键思想家地位的经典著作，关键主张是一些关键句和关键词，浓缩了关键思想家的思想精华。完成这两个任务相当于给自己拉了一条阅读主线。

用学科史、思想史和概论来概览全局，最重要的是对发展脉络和关键节点的回顾和梳理。我们要找到能帮我们回顾和梳理发展脉络和关键节点的书籍，像我最近读的《刘擎西方现代思想讲义》和包刚升的《政治学通识》，都起着和当年的《心理学通史》类似的作用。用学科史、思想史和概论来概览全局，相当于给自己请了一个“阅读导游”，但有的导游让你游兴大发，有的导游反而让你昏昏欲睡，所以选书很关键。第二步的选书标准与第一步一样。如果我们发现某本书不符合自己的期待，就允许自己弃读。

（3）第三步：读关键思想家的经典著作

对于读经典的好处，我们在第三章讲如何增进理解力的部分已经详细说过了。我引用了池宇峰教授在《书的全景》的自序里的描述。上一步我们用史和概论来概览全局，找出了那些举足轻重的关键思想家和关键书目，接下来，我们要选一个最感兴趣的人，并从他所写的书中选一本最感兴趣的书来看。看原生的内容和看由他人转述的内容是完全不一样的感觉。另外，大家还要明白一点，对于哲学和社科类经典书籍，只读一两本书是不够的，思想家们大多互相影响，他们之间是继承、发展、创新或互为批判者、反对者的关系。所以面对这类书，最好的读法是主题阅读，我们要想读透一个作者，还要读影响他的前人、被他影响的后人、他批判和反对的人、反对和批判他的人所写的书。看到这里，肯定又有读者面露难色了："我不是不知道经典的好处，我是读不懂、读不进去，读后感觉很挫败，越发地怕读。"对于这个问题，大家要记住以下两点。

第一，经典并不都是难读的，有时候困难是我们自己想象出来的。我们小时候都学过小马过河的故事，能不能过河，只有自己试了才知道，所以，请大家拿出读经典的勇气。法国思想家让 - 雅克・卢梭（Jean-Jacques Rousseau）有一本书叫《爱弥儿》，这是一本教育学著作，但我之所以读这本书，只是因为听到了一则逸事。德国哲学家伊曼努尔・康德（Immanuel Kant），终生过着像钟表一样规律的生活，每天四点准时出门散步。由于出门时间太规律和精确，以至于整条街的人都以他出门散步的时间来调整自己的表。但有一回，邻居们好几天没有看到他出门散步，这可是小城里的大新闻，后来才知道是康德收到了卢梭的《爱弥儿》，读得爱不释手、欣然忘食，竟然打破了几十年的生活规律。我一下子就对这本书产生了浓厚的兴趣，能让读书无数的康德都废寝忘食的书究竟是什么样的。

那会儿我刚上大学，刚开始不受管制地自由阅读，在《快乐的知识》给了我读关键思想家的书的信心后，我就开始读《爱弥儿》，结果又被完全迷住了。爱弥儿是卢梭假想出来的一个小孩，为了阐述自己的教育思想，他假想出一个父母双亡的富家孤儿爱弥儿。整本书的主要内容大概就是：大家好，我叫卢梭，现在的教育方法不太行，早就有声音反对这套旧的教育方法了，可惜没有人提出一套更好的教育方法，只破坏不建设是不行的，本着“我行我上”的原则，我就抛砖引玉一下，如果我有一个小孩，从他出生起，我需要把他教育成人，我会分别从体育、感官、智育、德育、爱情五个方面这样教育他……

有时候我们需要的仅仅是一点勇气。这本书并不难读，它是教育学著作，听起来是写给父母、教育工作者或研究者的，但这个思路就太窄了，我把它当作自我教育的宝典，里面的很多道理是我无法从学校教育和家庭教育中获得的。这本书让我意识到，我还可以自己教育自己，我是自己的父母，我养育我内心的小孩，而我对自己的教育是不受家庭、学校、老师和环境的限制的，我对自己的教育是终生的，教育目标是认知和理解世界，学会思考和判断，把自己的人格、品性、能力等变成理想的样子，成为一个幸福的人。

我一共在这本书里记了283条笔记，有的笔记对我的影响一直持续到现在，包括我写在这本书里的许多阅读观点，也受到《爱弥儿》的影响。例如，对于独立思考，卢梭说："如果你还没有教会他怎样判断人们的看法，你就拿人们的看法去教育他的话，我敢说，不管你怎样努力，他最终是要把别人的看法当作自己的看法的，而且你以后就没有什么办法把它改掉了。"对于如何让孩子乐于学习，有求知的动力和旺盛的好奇心，卢梭说："因为，只要他觉得这个词对他那样年龄的人来说有它的意义，只要他能清楚地看到它对他当前的利益的关系，他对这个词就会获得深刻的印象。"

现在我们回到如何解决读不懂经典这个问题上，我要强调一件事：大家不用全部读懂，即便读得一知半解，只吸收了能吸收的部分，一样可以受益匪浅。《快乐的知识》《爱弥儿》这两本书都是我刚上大学时读的，我虽酷爱读书，却是在阅读资源非常匮乏的环境中长大的，所以我那会儿的理解力非常有限，不能完全读懂这两本书，但是对于能看懂的部分，我结合自己的实际生活去理解和思考，同样收获巨大。而且，第一遍读时不能完全理解又怎么样呢？经典都是值得重读的，等我们的生活阅历、知识积累增加了，理解力和思考力提升了，我们随时可以把它们找出来重读，弥补初读的遗憾。

第二，如果经典的理解门槛太高，我们可以用好辅助书。很多时候，我们需要通过阅读其他书籍，才能完全理解某本书。这并不是一件丢人的事，而是一种有效的阅读策略。哲学家斯宾诺莎（Spinoza）的《伦理学》是出了名的晦涩难懂。杜兰特在《哲学的故事》里推荐的读法是："不要一口气读完全书，你应当分多次阅读，且每次读一小段。读完以后，告诉自己，这仅仅是理解全书的开端。接下来你应该读些评论，譬如波洛克的《斯宾诺莎》或马蒂诺的《斯宾诺莎研究》，又或者两者都读。最后，再读一遍《伦理学》，你会发现它像一本新书摊在你面前。"这里面提到的《斯宾诺莎》或《斯宾诺莎研究》，就是杜兰特给《伦理学》找的辅助书。所以我们可以看到，像杜兰特这样的著名学者在阅读过程中也有理解力不够用的时候，这时我们就需要借助别人的理解力来帮助我们跨过对应书籍的理解门槛。

辅助书有以下几种类型。第一种辅助书是大家解读版本。

以《论语》为例，历朝历代解读《论语》的人非常多，所以我们可以选择的辅助书也特别多，当然我首推的辅助书是大家解读版本。例如，华杉在写《华杉讲透论语》这本书时，给自己选的主要的辅助书是朱熹的《四书章句集注》、张居正的《张居正注论语》、清代刘宝楠的《论语正义》。

除了这三个人的这三本书，还有很多大家解读过《论语》，这些书各有各的侧重点。例如，历史学家钱穆也给学生讲过《论语》，写过一本《论语新解》，他的写作目标是：用最浅近的白话文来写，好使初中以上学生人人能读。而辜鸿铭的《辜鸿铭讲论语》主要是给欧美人写的，他的书援引了歌德（Goethe）、莎士比亚（Shakespare）等西方著名思想家、作家的话，还把书中出现的中国人物、中国朝代和西方历史上具有相似特点的人物和时间段进行横向比较。他的本意是帮助西方人把握儒家经典，但却给了我们一个特别的视角。由于很多大家都是饱学之士，所以他们对经典的解读更可靠。

第二种辅助书是通俗讲解版本。最有代表性的应该就是当年《百家讲坛》的那群学者和作家的书了。通俗讲解版本的好处是，用当下的语言，把经典放到当下的生活处境里来讲解。我们之所以觉得经典难读，就是因为经典的语言和现在的语言不太一样，经典的时代背景也与现在的社会相差甚远。而通俗讲解版本可以帮我们打破这些隔膜，不仅能用易于理解的语言告诉我们经典讲了什么，还能告诉我们在这个时代读了经典有什么用。

我读《论语》时选择南怀瑾的《论语别裁》和华杉的《华杉讲透论语》作为我的辅助书，就是因为这两本书是落实到我们真实的生活中的，讲了切实的体会，用经典的思想帮助我们应对和解决当下的困境。如果我们找不到经典和自己生活的相关性，可以先从这类书读起。

第三种辅助书是面向初学者、青少年的入门书和大众普及本。这类书的特点是默认读者没有相关的知识背景，尽可能降低理解门槛，用初学者容易理解的方式来叙述。《被讨厌的勇气》就是典型的入门书和大众普及本，它通过青年与哲人对话的方式来介绍阿德勒的心理学，青年身上有一堆待解决的人生问题，哲人给青年介绍阿德勒的思想，用阿德勒的思想帮助青年走出真实的心理困境。如果我们读不进去阿德勒的原著，可以先读这样的通俗普及本。类似的书还有哲学入门书《苏菲的世界》、社会学入门书《米拉的猜想》。当找不到合适的书时，有一个思路可以参考，大家可以往写给孩子的书里找一找，要让孩子看得懂，书就必须写得浅显又准确。

第四种辅助书是思想家传记。很多人把思想家的经典著作当作“不实用书籍”，可实际上它们统统都是应时而生、应势而生的，是为解决思想家所处的那个时代中最迫切、最重要、最核心的问题而生的。思想家们在解决这些问题的过程中，重塑了人们的世界观和思考方式，进而重塑了世界。我们要理解今天的世界，就得回到过去。思想家传记可以把我们带回思想家成长的时代和环境中去，我们可以搞清楚他们为什么关心那些问题，他们的思想受到了哪些人的影响，他们的成长环境带给他们哪些独特的思考角度，他们不同时期的思想有什么变化。读思想家传记可以帮我们进入思想家的人生，了解他们的思想脉络，进而更容易理解他们的思想和作品。

对于读思想家传记，我是受刘擎的启发提炼出来的。刘擎年轻的时候知道了马克斯·韦伯，跑去读他的名著《新教伦理与资本主义精神》却没读懂，转而去读韦伯的传记，先了解一下这个人，这对他理解韦伯的思想的帮助很大。

经典书籍《如何阅读一本书》把借助其他书籍来阅读一本书称为“外在阅读”或“辅助阅读”，这本书的两位作者莫提默·J. 艾德勒和查尔斯·范多伦认为我们有时候是非要借助外在阅读，才能完全理解一本书的，我们不应该，也不可能完全孤立地阅读一本书。

对于辅助书的使用，我还有几个提醒。首先，辅助书是二手，甚至是三四手的转述，一定和原著有偏差，它们不能替代原著。其次，我们越有自己的独立思想，越不是“我注六经”，而是“六经注我”，我们可以多看几本辅助书，兼听则明，对冲影响，形成自己的判断。再次，辅助书也有难度区分，如果我们理解某本书比较辛苦，就往下降一个难度等级，如果我们的理解力提升了，就往上升一个难度等级。最后，我们不要太依赖辅助书，经典才是阅读主线，我们的目标是读通经典，读书得拿出点“将军赶路，不追小兔”的气魄来。

对于读经典，我有一个很深的体会，这些经典之所以成为经典，是因为它们都有自己独特的历史贡献，可是对我帮助最大的并不一定是那些公认的、最精华的部分，因为我的评价尺度不是那些思想对历史和整个人类社会的帮助，而是对我个人人生的帮助，每个人提取到的重点一定是不一样的。这也是我坚持再精彩的转述也替代不了原著的原因。

（4）第四步：大量阅读后，再回到思想史、学科史和概论，用史和概论串起来

当我们一无所知的时候读史和概论，是一知半解的，所以我们可以把史和概论当作“阅读导游”，但当大量阅读后再回到史和概论，每一句话的意义都可能变得更加丰富，因为我们终于有能力联想到更具体的人和更具体的思想了。读书多了，我们的脑子容易乱，所以读了很多经典后，我们很有必要跳出局部和细节，切换到整体、宏观的角度，把所读的内容串起来。史和概论这个时候又可以登场了，它们可以帮我们把读过的东西串起来。

在阅读过程中，我们会不断重复进行第三步和第四步。总而言之，这四个步骤其实体现了读哲学和社科类书籍的两个原则：一个原则是由浅入深，循序渐进；另一个原则是反复切换总体和局部、宏观和微观、概览和细节。以上两个原则帮我们慢慢达成由浅入深的理解。

（三）小说的读法

除了实用类书籍，我们普通读者读的最多的，就是小说了。

1．为什么要读小说

在讲如何读小说之前，我想先谈一下，我们为什么要读小说等文学作品？实用类书籍给我们提供解决问题的方法，理论类书籍加深我们对世界运行规律的理解。那像小说这样的虚构作品能带给我们什么呢？我们为什么要读它？除了消遣，它还有什么作用？

为什么要读小说？这也是一个很难回答，但很值得回答的问题。论述说理型的书和虚构想象的书有本质区别。论述说理型的书让我们运用理智、判断能力和推理能力去理解事情；而虚构想象的书让我们动用情感和想象力去体验一种经历。读书的人可以经历千种人生，不读书的人只能活一次。这句话出自《冰与火之歌》。这个本质区别，决定了两类书籍向我们施加影响力的方式是不同的。乔治·莱考夫（George Lakoff）在《别想那只大象》中提出，施加影响力的两大利器是“框架”和“隐喻”，这种提法让我眼前一亮。

“框架”是指思考框架、认知框架和解释世界的框架，它的本质是一套从复杂世界里归纳出来的系统因果关系。论述说理型的书向我们施加影响力的方式，正是给我们一套系统因果关系，从而改变我们对世界的理解，进而改变我们的态度、观念、选择和行为。“隐喻”是指比喻和象征，是把思想、观念、道理、感受和情境浓缩在一个具体的形象里，人生、生活和世界的隐喻一旦变了，我们理解人生、生活和世界的方式也就变了，我们的选择和行为也会跟着变。我在写这本书的时候，不停地回顾自己的阅读史，想搞明白一件事，当读者读完书很久后，什么能够持续地影响他们？我的答案就是“框架”和“隐喻”。

一本论述说理型的书要想持续地影响我们，一定是因为给了我们一套可以和真实生活互相对照的系统因果关系，或者把新东西掺进我们原有的系统因果关系里，帮我们构建和优化出一套更清晰、更复杂的系统因果关系。一本虚构想象的书要想持续地影响我们，一定是给了我们一个可以和真实生活互相对照的隐喻和象征。

让我举例来帮助大家理解。什么是幸福？如何才能持续幸福？可能一万个人有一万种答案。塞利格曼在《持续的幸福》里构建了一个关于幸福的框架，他认为持续的幸福由五要素构成：积极情绪、投入、意义、成就和人际关系。这就是一套简单的系统因果关系，我们有积极的情绪、高投入感、意义感、成就感和良好的人际关系，我们就会幸福；反之，我们的幸福感就低，对生活的满意度就低。这个框架会成为我们理解人生的框架，自然也会成为指导我们行动的框架，我们对照自己的人生，就会知道幸福之源是什么，不幸之源是什么，以及如何提升幸福感。论述说理型的书都致力于提出具有强大解释力和现实指导力的框架。在阅读某本论述说理型的书时，我们的收获也是框架，如果我们把框架和真实生活对照起来，用框架来理解世界和指导行动，那么这本书就会持续地影响我们。

而隐喻是完全不同的东西。对我影响最大的一本虚构想象的书应该是《小王子》。小王子原以为他的玫瑰是宇宙中唯一的一朵玫瑰，当他发现地球上随便一个花园里就有五千多朵一模一样的玫瑰时，他非常伤心，因为他意识到他拥有的不过是一朵极普通的玫瑰，这对他来说是一场严重的意义危机，他感到幻灭，直到狐狸告诉他什么叫“驯化”。狐狸对小王子说：“对我来说，你无非是个孩子，和其他成千上万个孩子没有什么区别。我不需要你。你也不需要我。对你来说，我无非是只狐狸，和其他成千上万只狐狸没有什么不同。但如果你驯化了我，那我们就会彼此需要。你对我来说是独一无二的，我对你来说也是独一无二的……”小王子醒悟到：“有一朵花……我相信她已经驯化了我……”

我突然对关系的本质大彻大悟，为什么某个人或某个地方会对我们特别重要？道理全都在这里。那朵玫瑰之所以独一无二，是因为小王子曾经给她盖过玻璃罩、浇过水、抓过虫子。我们的家人、朋友、恋人等，之所以对我们来说是万中无一的，也是因为我们共同经历过很多事情，度过很多时光，建立起很深的羁绊，这就是驯化。

当然，我们要想建立羁绊，就必须承担流泪的风险。建立羁绊，并不像在自动售卖机上买东西，投币后一定能得到想要的东西，甚至建立了羁绊，我们可能更容易受到伤害。那为什么就算有流泪的风险，我们依然要去建立羁绊呢？还是那只像哲学家一样的狐狸说得最澄澈。小王子驯化了狐狸，可是转眼他们就要分别，狐狸说："我会哭的。"小王子表示，你让我驯化你，但是你什么好处都没得到。狐狸却表示，我得到了好处，因为小麦的颜色，你的头发是金色的，小麦也是金色的，到时它将会让我想起你。建立羁绊会承担流泪的风险，驯化我们的人可能会伤害和离开我们，可是我们的生命会因此丰盈和不同。这个故事对我来说，成了生活的重要隐喻。它让我更珍惜和重要的人之间的羁绊。当然，如果有人用讲道理的方式向我说同样的道理，我说不定会当作"耳旁风"了。

这就是隐喻的力量。隐喻的力量是丝毫不逊色于框架的，理性和抽象无法到达的地方，感性和隐喻反而可以到达。有时候，充满细节和感情的文字反而有千钧之力。

作家康·帕乌斯托夫斯基（Konstantin Paustovsky）把小说等文学作品比作"金蔷薇"。我们的琐碎日常是尘土，里面只有很少的金粉，而文学家是替我们筛选金粉，锻造金蔷薇的人。作家们提取的是人类典型的处境、选择、情感和关系，虚构的故事和形象会变成普遍生活的隐喻，我们对世界、人生和人性的理解 ，我们的生活智慧都会被放进这些隐喻里。《围城》中城里的人想冲出去和城外的人想冲进来，《简·爱》中楼上的疯女人，《老人与海》里的老人和那条大鱼，推石上山的西西弗……都可以被对照到生活里。

好的小说不仅讲了故事，还能提炼出精简的隐喻和象征，里面有人类共通的情感和反复面对的处境，以至于这些隐喻和象征经过时间的洗礼依然能被对照到真实生活里。

2．如何读小说

读小说和读实用类书籍是不一样的，我们可以用略读的方式来读实用类书籍，快速抓取主要信息，只要最后能找到解决问题的方法就行。读小说却不能这样，小说的精彩之处就在于它“以 10 万个字写 10 个字”。马伯庸的《长安的荔枝》其实写的就是“一骑红尘妃子笑，无人知是荔枝来”，可是如果我们只读梗概，就不能体会到“上位者轻飘飘地说一句话，却让基层小吏愁白了头，跑断了腿，头悬一把随时要他命的利剑”的艰辛和心酸，不能体会到上位者一时兴起的靡费有多么巨大，不能体会到腐败的官吏系统抢功和推诿责任的丑态。这些东西蕴含在细致的场景描写、心理描写和语言描写中，通过从头到尾地读，我们仿佛化身那个接到为贵妃从岭南运新鲜荔枝任务的小吏李善德，愁他所愁，苦他所苦，只有这样，我们的情感和情绪才会有波动，思考的马达才会转动起来，我们对世界的洞察力才会苏醒。

实用类书籍的语言是充满确定性的，只要讲清楚是什么、为什么、怎么做，我们就能掌握得八九不离十。而小说却有许多隐喻和言外之意，对小说的解读会出现“一千个读者就有一千个哈姆雷特”的情形，对小说的解读和一个人的阅历、性格、目标和心境高度相关，我们可以参考别人的理解角度，但别人的理解替代不了我们自己的理解。所以小说是最没办法让别人替我们看的书。对于小说，我推荐的读法是从头到尾地读，投入地读，代入地读。下面是我整理的、把收获最大化的阅读小说的步骤。

第一步，用万能读书笔记模板投入地读一遍。

第二步，做思维导图笔记，一般会分成三部分。

第一部分是作者其人，包括作者的生平及小说的创作背景。例如，《了不起的盖茨比》的作者菲兹杰拉德（Fitzgerald）的个人经历和创作有很大的关系，而且20世纪20年代是美国历史上一个很特别的时期，如果我们不了解这个时期的社会背景，就无法理解这本书。

第二部分是主要角色，包括基本资料、所说的话和所做的事。例如，《傲慢与偏见》中的主要角色有多少财产或陪嫁，出身情况如何，这些都是非常重要的信息；《了不起的盖茨比》中著名的那句话“每当你想要批评别人的时候，千万记住，世上并非所有的人，都有过你所拥有的那些优越条件”是谁说的；《月亮与六便士》中画家的妻子在丈夫抛弃自己之后开打字公司这个情节。我们在做思维导图笔记时，可以整理主要角色所说的重要的、令自己印象深刻的话，以及所做的令自己印象深刻的事。

第三部分是重要情节。情节包括起因、经过和结果。如果自己的记忆力不够好或小说的篇幅非常长，我们要学会概述情节，可以简要概述每一章的情节，给一些特别重要的高潮情节做标注。例如，《简·爱》中简·爱和男主角结婚那天的事情肯定属于高潮情节，我们可以用索引标签进行标注，以便后期整理情节。情节更适合用流程图来做笔记，我们可以把流程图融入思维导图笔记。

第三步，通过写读书文章来总结阅读收获。

我们可以围绕人物和情节来写，可以分析人物的性格和行为逻辑，也可以从情节里提取有共鸣、有启发的要点。但最重要的任务是：思考小说里描述的人物，以及他们的境遇和选择对我们的人生有什么启发，即对照自己的生活，解码生活隐喻，获得自己要如何度过一生，想要成为什么样的人的参考答案。

第四步，重读经典小说。

读小说非常需要阅历，所以我强烈建议大家，建立一份重读书单，对于那些特别经典、特别好的小说，每隔几年就读一次，感触会很不一样。第一次读时不能完全理解也不要紧，我们要记住不理解的地方，等以后有一定的阅历了再来重读和对照，一定会得到不一样的体会。我以前总是着急读下一本新书，从不重读书，第一次听说重读之妙是听张爱玲说自己每隔几年就会读一次红楼梦，她说："像《红楼梦》，大多数人于一生之中总看过好几遍。就我自己说，八岁的时候第一次读到，只看见一点热闹，以后每隔三四年读一次，逐渐得到人物故事的轮廓，风格，笔触，每次的印象各各不同。"后来隔上五年、十年重读一些书，我才发现这是读书最大的乐趣之一，书永远是那么一本书，我已经不再是那个我了，所以再次读书时有一种赫拉克利特（Heraclitus）说的"人不可能两次踏进同一条河流"的意味，妙不可言。

（四）历史类书籍的读法

1. 为什么要读历史类书籍

我小时候经常听到的说法是：读史可以明智，读史可以知兴替。可是我一直没能领会这句话的意思，我觉得我们生活的现代和古代的区别实在是太大了，以往的经验大部分用不上。刘擎在《刘擎西方现代思想讲义》中也提到，“当下的时代”不再是以往的延续和重复，而是前所未有的，是崭新的。为什么我们不再那么依赖历史？明代和清代可以参考唐代和宋代的发展经验，但我们现在生活的这个时代变化得太快，可能十年后，人们的生活方式就发生了翻天覆地的变化，历史可以给我们的直接参考越来越少，所以和过去相比，我们对历史的依赖大大减弱了。这是包括我在内的许多人不太重视读历史类书籍的原因。但我也慢慢认识到，认为读历史类书籍没有用，认为过去和现在、未来的相关性弱，也是由理解力不足造成的。历史类书籍对我们普通人有两大帮助。

第一，认识过去，才能理解现在，理解趋势，理解未来。通过读历史类书籍，我们才知道世界是怎么一步一步变成现在这样的，才知道未来可能是什么样。读历史的人，胸中更有丘壑，不会把自己局限在当下思考问题，而是从更大的时间维度去思考，获得一个更开阔的视角。

第二，从前人的言行中学习做人做事的道理。有一套历史科普书叫《写给儿童的中国历史》，非常畅销。作者陈卫平有一句话让我印象很深：“我从三岁的时候就瞧不起那些蝇营狗苟的小人，读历史的孩子才会有家国情怀。”通过读历史类书籍，我们看事情更通透，可以从历史中获得许多人格模板来学习，不容易被一些表面的东西所迷惑。

2. 读历史类书籍需要背诵和记忆吗

我们读历史类书籍时感到最头疼的事情就是记事件，记忆一件事情发生于什么时候。这种死记硬背的模式，淹没了历史类书籍的有趣之处。读历史类书籍不要用考试思维，不需要刻意记忆某件事发生于哪年哪月，现在手机十分便捷，我们一查找就能得到答案。我们要做的是梳理清楚某件事的来龙去脉，只要对历史有一个清晰的脉络，记忆就会越来越简单。如果大家有记忆需要，可以用思维导图笔记来辅助，把一本书变成一张思维导图，只记这张思维导图的内容。

3. 如何读历史类书籍

第一步，从感兴趣的地方开始读。

我们可以先读简单、好玩的内容。例如，陈磊和半小时漫画团队就画了“半小时漫画中国史”系列漫画，用半小时讲清楚一个朝代，书里有很多好玩的段子。很多读者读着读着，就会很渴望把那些零散的内容梳理出一个清晰的脉络。

第二步，用一本通史或几本通史搭建基本的历史世界观。

我最喜欢的是斯塔夫里阿诺斯的《全球通史：从史前史到21世纪》，因为人们很容易以自己的国家、自己所处的文化圈为中心来看世界，把自己当作主角，历史学家也会受限于这种视角，而斯塔夫里阿诺斯的全球史观超越了这种视角。对于通史，我们最好熟读。

第三步，找出自己感兴趣的国家或时期的对应书籍，去了解更多的细节。

例如，我们读了《全球通史：从史前史到21世纪》后对古罗马感兴趣，就可以找一本古罗马的历史书《罗马人的故事》继续看；读了《中国通史》后对明朝感兴趣，就可以找一本《万历十五年》来读。我们不要只看一家之言，因为历史是过去之事，哪怕是当下发生的新闻事件，我们都未必能完全接近真相，何况是久远之事。不同的人看待历史的视角不同，看到的面貌也不同，就如前排的观众和后排的观众看到的舞台剧也不一样。历史是由人讲的，每个人都会从自己的利益和立场出发重新建构和解释现实，因此才有“历史是任人打扮的小姑娘”的说法。

第四步，配合读其他书籍或材料，补充更多的细节。

对于感兴趣的人物，我们可以配合传记来读。如果我们读了法国历史，对拿破仑感兴趣，可以再读埃米尔·路德维希（Emil Ludwig）的《拿破仑传》。一个人物就是一个时代的切片，我当时读《万历十五年》时，就有很深的感触。《万历十五年》这本书讲的是明朝的政治、经济、文化和军事事宜，这个主题比较大，但是作者黄仁宇选择万历十五年这个特别的年份，又分别选了万历皇帝、首辅申时行、地方官员海瑞、将领戚继光和哲学家李贽，从这些具有代表性的历史人物切入。我读时就觉得这种切入方式非常妙。

对于感兴趣的历史时期，我们还可以配合读以这个历史时期为背景的小说。例如，中世纪离我们很遥远，我们很难理解有关的书，但是我读了以中世纪为背景的《圣殿春秋》后，闭上眼睛就能想象中世纪的人是如何生活的。

除此之外，我们还可以配合纪录片、电视剧来读，甚至可以去博物馆逛一逛，去实地参观遗迹。有时候，我们只看书上的几张插图是不够的。我们还可以去听讲座，现在互联网上的资源非常丰富，在网上也可以听到很多优秀人士的讲说。

第五步，回到通史，重新串联。

经过第三步和第四步后，我们了解了更多的细节，这时可以再回到通史，将这些细节串联起来。我们会发现，此时好像在读一本新书。

四、几个注意事项

在这一章，我把书籍分为实用类书籍、哲学和社科类书籍、小说和历史类书籍，分别讲了针对性的读法。除此之外，我还要强调几个注意事项。

第一，除了这些针对性的读法，我在前几章所讲的通用读法都适用于读这些书。

第二，这一章讲了多数人常读的实用类书籍、哲学和社科类书籍、小说和历史类书籍，但值得读的书不只有这些。许多不同的书如诗集、散文集、书信集等，甚至还有许多没办法被简单归入某一类的书，都有各自的妙处。

第三，从表面上看，书可以分为许多类，其实书都是相通的，只不过所侧重的局部细节不同。从表面上看，这些书是分开的，但在我们阅读的过程中，书和书总会相遇。分门别类只是方便找书，有门类之偏见，或孤立地读，反而是一种妨碍。

第四，配合读其他类的书，常常会给我们意想不到的启发。在这一章，我提到了《别想那只大象》，在读这本书的时候我同时在读唐伯虎的《桃花庵歌》，这两个内容看起来完全不相关，一个是讲美国民主党如何和共和党（大象）打舆论战、争夺话语权的论说性书籍，核心观点是不要用对方不断重复强调的关键词，那样只会激活背后的隐喻和框架，从而强化了对方。而《桃花庵歌》是一首古诗，里面那句“若将富贵比贫贱，一在平地一在天。若将贫贱比车马，他得驱驰我得闲”和我今年的心境极为相符。

我把这两个内容混在一起读，竟然产生了一个非常重要的洞见。以前，当我想从充满压力和焦虑的生活中逃离时，我用“躺平”和“摆烂”来进行自我描述，《别想那只大象》和《桃花庵歌》让我恍然大悟，我不能用这两个词，因为这两个词是用追求世俗成功的那套价值观的标准创造出来的，一使用这两个词就激活和强化了世俗成功的那套价值观，所以会令我产生愧疚感、犯错感、自我贬低和自我矮化。我的这种状态并不是自弃，用复旦大学中文系教授梁永安的观点来形容我的状态特别合适：躺平成了年轻人的一种新追求，在新的理念下，他们觉得自己的生活不太合理，需要停一停，然后想一想，自己的生活到底过得对不对。唐伯虎和陶渊明给当时的人们准备了一个精神家园，这个精神家园的名字叫“归隐”或“田园”。使用这些词汇的时候，我胸中荡起的是“但愿老死花酒间，不愿鞠躬车马前”的闲适和潇洒，而不是自我矮化。我深感，我们要想表达自己的生活观点，必须发明自己的话语体系。这个洞见，让我对人生和生活的理解又深了一层。所以我非常推荐大家混读书籍，常有惊喜。

第五，书只是一个信息渠道和学习工具，它虽重要，但不是唯一的，我们还可以通过阅历见闻、实地走访、课程、纪录片、影视作品等多种方式学习。书作为一个存放古今中外知识和文化的地方，不可被取代，但也有自己的局限性。与形象生动的图片和视频相比，书比较抽象枯燥。会学习的人会通过多个渠道的配合来达到最好的学习效果。

第六，我主张大家读一些不同类的书，是为了让大家更好地理解和吸收，让大家具备阅读不同书籍的能力。很多读者会进入一个误区，马上想读到所有类型的书。其实不必如此，我们可以跟随自己的兴趣，慢慢扩大阅读范围。我只是希望通过这一章，大家可以保持开放的心态，不要关死某扇门（如一定不读某一类书）。

第五章

建立知识体系的能力

本章思维导图，请扫描二维码查看。

一、为什么要读这一章

（一）什么是知识体系

在我的读书训练营，学完上一章，学员们马上会陷入新的迷茫，市面上有那么多好书，我到底该从哪里读起？我读不完怎么办？庄子说："吾生也有涯，而知也无涯。以有涯随无涯，殆已。"这句话的意思是，我们的生命是有限的，而知识却是无限的。用有限的生命去追求无限的知识，就会精疲力竭。阅读的人总归要解决这个核心矛盾。我的解决方案是：建立一个为我所用的知识体系。

我们读到一定的阶段，要想达到更高的阅读水平，"知识体系"基本上是一个绕不过去的概念。那到底什么是知识体系呢？很多人把"知识体系"挂在嘴边，却解释不清楚。知识体系是一个有机系统，所有的系统都有三个特征：由若干要素组成、要素之间存在相互作用、整体具有特定的功能和目的。

"由若干要素组成"是很好理解的，只有单一的要素是无法构成系统的，系统完不完整的关键就在于要素齐不齐全，要素不齐、挂一漏万，系统就是不完整的。这本书是我建立的关于阅读方法的知识体系，七章内容就是我为这个知识体系找到的七个要素：高效做读书笔记的能力、独立思考的能力、掌握阅读速度的能力、阅读不同书籍的能力、建立知识体系的能力、让读书有用的能力、长期持续稳定阅读的能力。如果我只讲了怎么读得快，不讲其他要素，那这本书就不能被称为知识体系；如果我只讲了某几个要素，漏掉了关键的要素，那这本书就不是完整的知识体系。

“要素之间存在相互作用”的意思是这些要素不是彼此无关的一堆东西，它们互相联系、互相配合、互相影响、互有反馈，这样的组合才是“系统”，而彼此无关的东西的组合是“堆”。没有知识体系的人，他或许也知道很多知识和智慧，但是那些知识和智慧都是零散和碎片化的，就像砖头一样乱七八糟地堆放在一起，就算他的知识增加了，也不过是砖头堆变大了而已。没有知识体系的人接收的知识和信息越多，脑子反而越乱，人越困惑。而有知识体系的人，面对像砖头一样的知识和智慧，他会把砖头盖成一栋楼，这栋楼有层级和主次，每块砖头都各得其所。更厉害的人，盖完一栋大楼后又去盖别的大楼，他的知识体系是一座城市，每座建筑都是一个知识板块，都在自己的位置发挥自己的功能，这些建筑彼此关联和配合，使城市可以高效运转。有知识体系的人，增加了知识和智慧后，对世界和人生的思路会越来越清晰，对人和事的看法会越来越明晰，能力也会越来越强。

“整体具有特定的功能和目的”最为关键，也最容易被忽视。知识体系需要具备特定的功能和目的，人类的知识总量十分庞大，但这些知识并不全是对我们有用的，功能和目的决定了哪些知识要被纳入知识体系，哪些知识最关键，不同的知识板块之间如何互相配合和共同作用，它们是统御知识体系的主脑。我这个关于阅读方法的知识体系，功能和目的是“帮助读者最大程度从阅读这件事中获益”，只要对这个功能和目的有帮助的知识，都可以被纳入知识体系，功能和目的就像磁铁一样把相关内容吸进知识体系里，它们是维持知识体系运转的动力。一个正常的知识体系总会经历从简陋、不完整到复杂、精细、成熟的过程。有清晰的功能和目的的知识体系就像活物一样会长大，会为了更好地实现功能和目的贪婪地吸纳一切新知，完善自身。没有功能和目的的知识体系是缺乏内在驱动力的死物。例如，一个人想要建立有关心理学的知识体系，但他没有目的，于是逼迫自己复制和挪用现成的知识体系，他可能很快就会失去兴趣和动力，这种“为了知识体系而知识体系”的尝试大概率会失败。但如果一个人想在心理学里找到如何才能活得幸福的答案，从这个目的出发吸纳新知并建立知识体系，就像种子贪婪地吸收阳光、水和氧气，最终长成参天大树一样。

（二）没有知识体系会怎么样

读到这里，可能有读者会想，好复杂啊，算了吧，我为什么非要有知识体系呢？！所以我下面就要讲“没有知识体系会怎么样”这个问题。很多读者搞不懂这个问题，听别人说有知识体系会更好，就想着自己也建立一个吧，但并没有真正理解知识体系的意义，所以完全没有迫切感。没有知识体系的后果有以下四点。

第一，我们无法用单一、零散的知识解决复杂、系统的问题，没有知识体系的人在解决问题时总是“按下葫芦浮起瓢”。

我第一次深刻地体会到这一点，是在我试图提高个人效率的时候。在没有建立起一个提高个人效率的知识体系之前，我得到一个建议就尝试一个建议，可是一直无法彻底地解决问题。我听说要想提高效率，就要做好目标管理，于是我设定并分解目标，用年目标、周目标和日目标来管理生活。我的效率确实提高了一些，但总是无法长期坚持所计划的事情。后来我得知要想长期坚持某件事得养成习惯，而养成习惯需要有一套顺应大脑偏好和工作原理的方法论，后来我养成了一些习惯，可还是经常做不完计划好的事情。我又觉得自己的专注力差，开始尝试各种可以提升专注力的方法，但我依然对自己的效率不满意，总是感到累。于是我开始学习精力管理，但精力管理包括对体能、情绪和休息方式等方面的管理，如果我忽略了某个方面，还是做不好。

这种“兵来将挡，水来土掩”的过程持续了数年之久。为什么我一次次的尝试都没能彻底解决问题呢？道理很简单，个人效率管理是一个非常复杂、系统的工程，包括人生规划、时间管理、精力管理、专注力管理、习惯管理和项目管理等，我们无法用单一、零散的知识解决复杂、系统的问题。如果我们没有知识体系，很容易“头痛去医头，脚痛去医脚”，结果总是“按下葫芦浮起瓢”。当个人效率管理的知识体系呈现在我眼前时，我猛然意识到，以前解决问题的方式太低效了。

我更深刻地体会到这一点是在我做读书课程的时候。在我的读书训练营，学员们会遇到各种各样的阅读问题，也零零碎碎地听过许多阅读方法，但始终没有达到自己理想的阅读状态。这是因为阅读效率低是由多种原因造成的。如果我们只盯着阅读速度而不注意理解吸收，容易浮光掠影、走马观花；注意理解吸收却不会深度思考，就不得其法；注意深度思考而不注意广泛涉猎，容易狭隘浅薄；盯着单本书而不建立知识体系，认知升级就缓慢；广泛涉猎而不注意学以致用，容易变成空有知识而无智慧的“两脚书柜”……

我们在现实生活中遇到的问题大多是系统、复杂的，一件事的结果总是由若干要素共同决定的，如果我们挂一漏万，就无法真正地找出问题、解决问题、拿到想要的结果。知识体系真正的意义是帮我们更好地成事。

第二，如果我们没有知识体系和系统思维，容易看不清问题的本质，无法做出正确的选择和行为。

电影《教父》里有一句经典台词：花半秒钟就看透事物本质的人，和花一辈子都看不清事物本质的人，注定是截然不同的命运。所谓“看清本质”，就是不仅能看清系统由多少要素构成，还能看清要素之间相互作用的规律。看清本质的人，能看到背后的结构，不会被表象、单一的事件迷惑；能看到因果链、动态趋势和滞后效应，不会被一时的情形迷惑；能看到全局和整体，不会被自己的立场、视野、处境和核心利益蒙蔽，犯主观、片面的错误。而不能看清本质的人，看问题比较主观、片面、静态和浅薄，容易人云亦云和反复摇摆。

这种看清本质的能力不是天生的，而是靠清晰、纵横交错、深厚的知识体系培养出来的。我们看清问题的本质，不是为了炫耀深刻和聪明，而是为了更好地决定自己的选择和行动，看清了事物的真相，自然就有了应对的办法。我们建立知识体系是为了获得系统思考的能力，获得系统思考的能力是为了具备分析和解决复杂问题，以及做复杂决策的能力。

第三，没有知识体系的人，思考和表达十分混乱，行事没有章法。

这也是没有知识体系的直接后果，当我们塞了很多碎片化的知识到脑袋中，思考问题就容易杂乱无章，表达容易混乱，行事没有章法。以买房这件事为例，很多人买房容易“踩坑”，因为草率买房而后悔的人非常多，可能当时就是看房子挺漂亮，中介介绍得很吸引人，或有其他亲戚和朋友住在那里就买了，如果有一套知识体系的支撑就不会如此。一旦建立了有关买房的知识体系，我们就会知道房子的价值是由城市、地段、交通、学区、生活配套和户型等多个要素共同决定的，会知道这些要素不是孤立存在而是互相影响的，会知道优先考虑哪些要素取决于我们当下和未来的生活目标，就会更审慎地做决定。

第四，没有建立知识体系意识的人，学习没有方向，越学越混乱和焦虑。

一个有建立知识体系意识的人每学一点东西，都是在完善自己的知识体系，扩展自己的知识版图，他可以把碎片化的知识整合到自己的知识体系里，越学越有方向，越学认知越清晰。而没有建立知识体系意识的人就像无头苍蝇一样，不知道该学什么，亦步亦趋，面对越发庞杂的信息，越学越混乱和焦虑。

二、建立知识体系的路线之争

那我们该如何建立知识体系呢？建立知识体系有多条路，我们需要先解决路线问题。

（一）“野生模式”和“高度规划模式”

什么是野生模式？什么是高度规划模式？我拿逛超市来做比喻，我们去买东西有两种模式。一种模式是我们不确定自己要买什么，只是推着购物车闲逛，走走看看，慢慢才知道自己要买什么，这是野生模式；另一种模式是我们非常清楚自己要买什么，目的明确，列一个购物清单后到超市拿了东西就走，这是高度规划模式。高度规划模式是我们围绕自己的目标和梦想来规划书单并建立知识体系。野生模式是我们跟随兴趣规划书单并建立知识体系。两种模式各有优劣，野生模式是散漫和相对被动的，没有固定的方向，也不服务于特定的目的，我们慢慢阅读也能建立一个知识体系，但其缺点是效率低、进展慢。高度规划模式的优点是精准输入、效率高，读者读得深，但缺点是目的性太强很容易导致读者进入信息茧房，读者长期只看自己感兴趣的东西容易出现思维固化，甚至产生偏见。

我的建议是把两种模式结合起来，我们平时可以去接触各种各样的东西（如电影、电视剧、文章和短视频等），从里面挖掘书单，保持好奇心，用“闲逛偶遇＋顺藤摸瓜”来选书、读书。这样做的好处是点会连成线，线会连成面，知识体系会慢慢长出来。一旦我们在这个过程中发现了自己想深入探究的方向，马上切换到高度规划模式，有意识地去找针对性的书来做针对性的阅读。

（二）“先广”和“先深”

胡适先生说过，为学要如金字塔，要能广大要能高。理想的知识体系是金字塔型的。“广”是指广泛涉猎，“高”是指精通某个领域。在本小节，“先广”是指广泛阅读所有领域的书籍，这种阅读是水平型阅读，最后会把我们变成一个通才。“先深”是指专注阅读特定领域的书籍，这种阅读是垂直型阅读，最后会把我们变成一个专才。

那我们到底是“先广”还是“先深”呢？这是建立知识体系时需要解决的一个非常重要的问题。我的观点是：我们应该尽快锁定一个主题和领域，让自己变得专业，自然就能触类旁通。胡适先生的建议也是：用专门学问做中心，从这个专门学问下手，然后扩展到直接相关、间接相关、不很相关的各种学问。

按照我的经验，刚开始读书的人，最开始都会经历一个大量乱读的时期，连鲁迅先生都说：无论谁，在那生涯中，总有一个将书籍拼命乱读的时期。但是我们不能永远停留在那个时期，鲁迅先生接下来是这么说的，在初学者，乱读之癖虽然颇有害，但既经修得一定的专门的人，则关于那问题的乱读，未必定是应加非议的事。因为他的思想，是有了系统的，所以即使漫读着怎样的书，那断片的知识，便自然编入他的思想的系统里，归属于有秩序的体系中。因为这样的人，是随地摄取着可以增加他的知识的材料的。很多人终生都停留在一个乱读的时期，随心所欲地读书，既没有章法又没有体系，最终只能停留在一个比较低的阅读水平。我们一定要用建立知识体系的思维去选书和读书，用建立知识体系的思维去制订自己的阅读计划，甚至用建立知识体系的思维来整理自己的书架。

《高效能阅读》的作者原尻淳一是一个日本人，他在大学时有很多想做的事，甚至不能确定研讨课的主题。老师就跟他说："我知道你八面玲珑，对许多事情都很在意。但是请下定决心，锁定一个主题。只要鼓起勇气锁定一个主题，就能形成思考的轴，有了这个轴，所有信息都会随之而来。许多学生都很心急，以为必须了解大量的知识才行，但实际上，深入思考一件事的时候，是不得不同时思考其他很多事的。这是因为，人的生活本来就是综合性的、整合性的。”这段话对我的影响非常深，并且在我的阅读生涯里不断得到验证。

大家在建立知识体系时，应该尽快在水平型阅读中锁定一个垂直方向，优先做该方向的垂直型阅读，建立自己的思考主场，靠垂直型阅读的吸引效应，自然地向水平方向扩展，扩张自己的知识地图。以我自己为例，“阅读方法”看起来是一个极窄的方向，我起初以为我只需阅读与“阅读方法”有关的书即可研究透这个方向，我收罗并阅读了近百本相关的书，可是我对找到的答案并不满意，还有许多阅读困境像鞋里的石子一样硌着我，我需要不断去扩展和延伸。我反而常常在表面上与“阅读方法”毫不相关的书里得到让我恍然大悟的观点，我发现我想要的答案是分散在各门各类的书里的，跨界阅读和知识迁移是必要的。我在研究一个很窄的领域，可是它让我有了一个思考的轴，这个轴就像一块磁铁，帮我把直接相关、间接相关、不很相关的东西都吸引过来。无论是谁，有成为某个领域的行家的野心，就会有建构知识体系的野心，有建构知识体系的野心，就会有阅读的野心。

谷歌有一个 70 ∶ 20 ∶ 10 的投资基准比，是由谷歌董事长埃里克·施密特（Eric Schmidt）提出来的。谷歌将 70% 的资金和时间用来充实现有服务，将 20% 的资金和时间用来充实现有服务的周边服务，将 10% 的资金和时间用来投资全新的未知领域。在分配垂直型阅读和水平型阅读的比例时，我们可以把 70% 的时间、精力和金钱投入专业领域的书籍中，把 20% 的时间、精力和金钱投入与专业领域有关的周边领域的书籍中，把 10% 的时间、精力和金钱投入未知领域的书籍中。

（三）“以知识为中心”和“以个人为中心”

建立知识体系有一种常见的做法，我们通过学习把现成的知识体系挪到自己的脑子里，这叫“以知识为中心”。例如，每个学科（如心理学、社会学）都有一个自上而下和自下而上的层级分明的知识体系，我们把它们学过来。而“以个人为中心”，是以学习者的目标为中心的，不拘什么领域。

我的建议是：如果大家不是为了考试而学习，一定要以个人为中心。以个人为中心建立知识体系，可以解决两个非常棘手的问题。第一个问题是学海无涯而人生有涯的大矛盾。知识的总量那么大，我们不可能掌握所有知识，面对浩如烟海的书籍，我们从何读起呢？最好的解决方法就是把个人的志向、理想和目标作为知识体系的核心，知识体系是为个人的志向、理想和目标服务的。这相当于给我们圈了一个学习范围，一个想成为外交官的人，和一个想成为人工智能技术专家的人，知识体系怎么可能是一样的呢？这也是为什么我们总是说读书要先立志。第二个问题是读书动机孱弱。如果我们一味挪用现成的知识框架，照猫画虎地建立知识体系，必然会学到一堆和自己无关的知识，这一定会导致学习兴趣的丧失和后续学习动力的不足。个人的志向、理想和目标就像发动机，让我们的知识体系成为活的系统，渴望吸纳新知，让我们产生强大的自驱学习力。

当然，我并不完全否定以知识为中心的建立路线，当某个现成的知识体系是我们用得上的，而且它的建立目标又和我们个人的目标高度相关时，我们直接使用它的效率当然是最高的。但更多的时候，如果我们没有完全现成的知识体系，就需要为自己做私人订制。

三、建立知识体系最快的方式：主题阅读

（一）什么是主题阅读

如果我们一本书一本书地攒，自然也可以攒出一个知识体系，但效率比较低。最高效的建立知识体系的方式是主题阅读。我们在前面所说的“高度规划模式”“先深”“以个人为中心”

主要是靠主题阅读实现的。

“主题阅读”这个概念来自莫提默·J. 艾德勒和查尔斯·范多伦的《如何阅读一本书》，是阅读的一种高阶技巧。什么是主题阅读呢？简单来说就是当我们对某个问题或某个领域感兴趣时，通过针对性地阅读多本书来了解和学习。它的做法是：读者选定一个主题，然后大量搜罗和阅读各种类别的书，再将这些书中与主题相关的内容抽取出来进行比照，系统地阅读和学习，最后进行信息整合和综合思考。主题阅读是建立知识体系最快的方式，它可以帮助我们在短时间内精通一个领域。

（二）为什么要做主题阅读

我们为什么要进行主题阅读呢？因为和普通阅读相比，主题阅读有着无可比拟的优越性。

第一，我们每个人面对的问题都是具体、复杂、极其个人化的，很少有一本书可以彻底解决我们的问题。我们需要的内容实际上分散在许多不同类别的书中，很多时候我们不做主题阅读，根本无法解决问题。

不去做不同书籍、不同信息源之间的串联，轻信读一本书、看一篇文章、上一门课就能彻底解决问题的人，要么大失所望；

要么解决问题时“头痛医头，脚痛医脚”，分析问题时如盲人摸象，无法看清全局，最终变成越学越混乱和迷茫的低效学习者。

第二，普通阅读是一个被动且低效的过程，很多人全凭运气，撞到什么读什么。而主题阅读是一个积极主动且高效的过程，我们动用最大的调查能力来网罗学习资料，从中筛选出最能帮助我们实现目标的资源。

第三，围绕主题进行阅读是全面和系统的阅读和学习，能够形成真正的知识体系。很多人觉得在互联网上得到的都是碎片化的知识，而坐下来读书就是系统学习。但许多人坐下来读书也仅仅是学几个概念，找几个金句，谈一点感想，得到的也是碎片化的知识。主题阅读则可以从根本上改变这种碎片化学习。

主题阅读虽好，却有两大难点：第一个难点是我们如何找到能最大程度帮助自己的书和资源；第二个难点是我们如何高效阅读并吸收批量的书和资源。下面是我总结的做主题阅读的方法，该方法分为五步，可以帮助大家攻克主题阅读的难点。

（三）如何做主题阅读

第一步：圈定主题

“主题”就是我们感兴趣的方向，每一个我们感兴趣的方向都可以延伸为一个阅读主题。例如，如果我们做商务谈判的工作，就可以读一些与谈判相关的书，读一两本书可能无法建立知识体系，我们可以再围绕谈判做一个主题阅读，搭建一个知识体系。以这个知识体系为支撑，我们的成长速度会大大快于那些没有做主题阅读、只有一堆零散的知识和经验的人。

但是很多时候我们无法一开始就确定某个“主题”，真正的主题可能藏在某个比较宽泛的主题里，随着阅读的深入才慢慢显露出来。以精力管理为例，我刚开始并不知道什么叫精力管理，我只知道时间管理，但在围绕时间管理做主题阅读的过程中，我发现我真正的问题并不是不知道怎么安排时间，而是不知道怎么管理自己的精力。正是随着我对时间管理这个相对宽泛的主题的深入了解，“精力管理”这个真正的主题才显露出来。

（1）如何圈定主题

如果我们有感兴趣的主题，一切都很好办，可是没有特别感兴趣的主题该怎么办呢？这就回到一个常见的问题上：我到底应该读什么书？面对这个问题，多数人的解决办法是，满世界地向别人要书单，有的人还会出现一种强烈的幕强倾向，觉得读优秀的人的书单后，就可以变得和他们一样优秀了。其实不然，这时我们最应该做的是回归自己，了解自己要什么，才能知道应该读什么书。其他人读的书都是为他们的人生目标服务的，我们可以参考，却不宜盲目追随。大家在圈定主题时，其实只需要回答以下几个问题。

自问1：我想成为什么样的人？

如果你想做一个非常自律、执行力非常强的人，就可以围绕个人效率管理做一个主题阅读。如果你想成为一个非常擅长教育孩子的家长，想培养出既优秀又健康快乐的孩子，就可以围绕这个目标做主题阅读。

以想成为一个非常擅长教育孩子的家长为例，这不意味着我们随便读几本育儿书就可以了，什么是优秀？什么是健康？如何才能真正快乐？这些都不是可以被简单回答的问题。首先，我的主题书单里有记录大教育家孔子言行的《论语》，有对现代教育思想产生过重大影响的卢梭的《爱弥儿》、杜威的《民主主义与教育》，还有研究阶层与教育之间关系的社会学经典《不平等的童年》《出身》。我想知道我能给孩子什么，不能给孩子什么，资源的优势和不足分别会给她带来什么。其次，我的主题书单里有《翻转课堂的可汗学院》这样反思、批判并试图颠覆学校教育的新思考和新探索，还有类似《减法教育》这样资深的一线教师的实践经验。我想知道学校教育的优势和劣势，想知道如何通过家庭教育补充学校教育，最大程度保住孩子的求知欲和好奇心。再次，我的主题书单里有类似李翔的《详谈：00后》这样的访谈书，我通过观察大学毕业的大孩子来做一个以终为始的思考，以便启发我当下的教育。最后，我也看有关未来发展趋势的书，如人工智能的发展，我关心现在的培养计划所赋予孩子的能力是否能够帮助她适应将来的世界。除此之外，心理学中关于原生家庭、性格养成、亲子沟通和自信力培养等一系列的书，以及与人生规划、目标管理、时间管理、学习力和思考力等有关的书，也是指向我的育儿目标的。我们想成为什么样的人，就去读能够帮助我们成为这样的人的书。

自问2：我的人生目标是什么？

这里的人生目标既指长期目标，又指短期目标。第一个自问指向相对抽象的描述，而第二个自问指向具体的目标。例如，你想成为一个知名影评人，就可以围绕电影艺术来做主题阅读。我的人生目标之一是成为最会教别人读书的读书博主，我长期围绕这个目标来做主题阅读并建立知识体系，从某种程度上说，我写的这本书可以算作我的主题阅读的读书报告。制定目标不仅能帮助我们看清能力的上限，引导我们关注行动和未来，目标还有一个信息过滤器的作用，能避免我们的注意力被无关紧要的信息占满。目标决定我们读什么书，不读什么书。

自问3：我目前最需要的能力有哪些？

我刚开始接广告谈价时，心里总是没底，非常需要谈判能力。我就围绕谈判做了一个简单的主题阅读，学习应该怎么喊价，学习别人还价时应该怎么应付才能既让对方觉得自己赢了，又确保价格在自己可接受的范围内。

自问4，目前最困扰我的问题是什么？

其实很多时候，人没有被逼到某种境地，就不会做出改变。所以我们有时候被一件事情困扰，其实是一件好事，这意味着改变的时机到了。有一段时间最困扰我的问题是：我如何改掉做事情时总去玩手机的习惯？玩手机的时间挤占了工作和睡眠的时间，最糟糕的是，玩手机会打断工作，每次被打断后我很难重新进入状态。

那时我的书架上刚好有一本《如何戒掉坏习惯》，我从书里学到了很多方法和原理。我以前想当然地觉得养成习惯只需要努力坚持，不需要学习什么，其实不然，如果我不知道大脑工作和习惯养成的原理，就不太可能成功。所以我就开始重视习惯养成，围绕习惯养成做了一个主题阅读，建立知识体系，那些困扰我很久的问题，如玩手机、熬夜、无法保证看书时间等都得到了解决。

孔子曰："生而知之者，上也；学而知之者，次也；困而学之，又其次也；困而不学，民斯为下矣。"按照我的理解，"生而知之”是指因为天赋或成长环境而轻松拥有了一些优势或能力，如天生对数字敏锐或拥有出色的社交能力；“学而知之”是指为了愿景和目标主动学习；“困而学之”是指在实践过程中被某个问题困住了，所以通过学习来克服阻碍、摆脱束缚。学习能让我们避免陷入重蹈覆辙的怪圈，我希望大家至少能做一个“困而学之者”。

总而言之，我们应该围绕什么主题来读书，取决于自己的需求。我们要了解自己，才能更好地选择主题。在这里我要引入一个“阅读的第一桶金”的概念来帮助那些完全茫然的读者。“阅读的第一桶金”是指一个基础的知识体系，可能这个知识体系还比较简陋，还不够完善，但它可以帮助我们建立更大的知识体系。

（2）积累“阅读的第一桶金”的五个入门方向

入门方向一：建立一个全学科的基础知识框架。

其实在中学阶段，我们差不多就有一个全学科的基础知识框架了，可以围绕这个基础知识框架，跳出教科书来阅读。例如，我们可以读文学书籍、历史类书籍、地理类书籍等。一个非常好的办法是逛图书馆，尤其是藏书非常丰富的图书馆。我读大学时的图书馆有 11 层，每一层有一两个大门类，每个大门类里又分了很多小门类。例如，历史阅览室就把通史、中国历史、外国历史、国别史、不同时期的历史和人物传记等分得清清楚楚。我那时喜欢到处逛，这样就有机会去接触不同学科和类别的书，四年下来，在找书和读书的过程中，一个全学科的基础知识框架就在我的脑海里形成了。

入门方向二：从自己的大学专业出发，向其他学科延伸。

我大学学的是新闻学专业，第一份工作是在报社当记者。做新闻，首先要了解社会，大学也有开设社会学的课程，我开始对社会学感兴趣；做信息的传播，要了解受众的心理，我开始对心理学感兴趣；做报道要写作，我们也有文学课，我读了很多中外名著；做采访需要追问细节，需要批判性思维，所以我又开始接触与批判性思维有关的书。

一个专业会有很多知识板块，一个学科也肯定会和其他学科发生关联，所以我们可以从自己的大学专业出发，向其他学科延伸，这是积累“阅读的第一桶金”的一个入门方向。这个方向特别适合正在学习某个专业的学生和打算深耕某个专业的人。

入门方向三：从最感兴趣的领域出发。

我上大学时有一个朋友，她是学习对外汉语专业的，可是她对自己的专业兴趣寥寥，对历史却十分感兴趣。于是她从自己最感兴趣的领域出发，积累“阅读的第一桶金”，后来不满足于基础的知识体系，就跨专业考了研究生，现在已经博士毕业了。

从最感兴趣的领域出发是最好的方式，因为兴趣是最好的老师。这种兴趣是很私人、很难对人解释的，我们只要追随自己的内心就行。这个方向特别适合没有什么生存压力的人，有生存压力的人大部分需要优先聚焦自己的职业发展和财富增长。

入门方向四：从职业发展出发。

从职业发展出发积累“阅读的第一桶金”，最重要的是积累能力。所以我们首先得根据自己的职业，分析自己要成为一个优秀的人需要具备哪些能力。能力一般包括两类：通用能力和专业能力。

通用能力一般是指自我管理能力、沟通合作能力、学习能力、语言能力和思维能力等，通用能力的意思就是各个行业的各种工作都会用到的基础能力。通用能力非常重要，但又特别容易被忽略。

大家可能觉得做自媒体最需要的是写作能力。其实一个自媒体从业者要想做得久，做得好，走得远，最需要的是自我管理能力。对自媒体从业者来说，写出一两篇好文章并不难，难的是持续且稳定地输出高质量的内容。要做到这一点，自媒体从业者要做好目标管理、效率管理和精力管理。我曾经花了一整年的时间去提升我的效率，我发现效率虽然是一个很基础的概念，可是它非常重要，大多数时候我拼不过别人，不是因为我的写作能力不如别人，而是因为我的自我管理出了问题。例如，我无法长期稳定地保持一个好的状态，我经常会失去动力，感到疲惫，熬夜玩手机，我会在写完一篇文章后花好几天的时间来放松自己。不同的工作侧重的通用能力是不一样的。如果你是一名销售人员，那沟通合作能力就很重要；如果你是一名研究员，那学习能力就很重要。

对于专业能力，我们可以根据工作流程和工作职责来梳理。以记者这个职业为例，工作流程包括选题、采访和写稿。选题需要新闻敏感性、判断新闻价值的能力、搜索新闻线索的能力和新闻策划能力。采访需要社交能力、沟通能力、批判性思考的能力和提问能力。写稿需要快速写作的能力。大家要记住，每一种能力背后都有一个知识体系，我们只要掌握这个知识体系就能把工作做得更好。

从职业发展出发积累“阅读的第一桶金”，其实指向的都是非常实用的知识，所以我们要建立“学习—实践—再学习—再实践”的循环。

入门方向五：围绕自己的未来目标。

如果有人既不喜欢自己的大学专业，又不喜欢目前的工作，那可以围绕自己的未来目标积累“阅读的第一桶金”。未来三到五年你的目标是什么？你最重要的生活目标是什么？实现目标需要哪些知识和能力？什么书可以帮你更快地接近目标？

可能有人会说：“我不知道我的目标是什么。”那找到自己的人生目标不就是你的目标吗？你可以读一些职业规划、生活方式研究和传记类的书，看看别人是怎么找到自己的人生目标的。如果你什么都不做，期待某一刻突然找到人生目标，这个可能性是比较小的，就像你不去认识人，不去社交，找到理想伴侣的可能性也一样小。你想成为什么样的人，就去读与之相关的书；如果你不知道要成为什么样的人，就去读能帮你找到答案的书。

以上五个方向都是常见的积累“阅读的第一桶金”的方向，我们可以根据自己的成长阶段和当下的状况灵活选择。任何成长都是可以被设计的。有目的的阅读归根结底是有目的的生活，当我们找到自己的人生方向和想要探究的人生大问题时，也就找到了自己的阅读方向。

第二步：海选书籍

主题阅读的第一个难点是如何找到能最大程度帮助我们的书和资源。我的策略是先海选，获得一份实验性的书单。在海选书籍这一步，我们的目标是找到与主题相关的书，选书的唯一标准就是与主题相关。海选书籍有以下六种方式。

（1）**使用豆瓣读书**

豆瓣读书有两种搜索方式，一种方式是书名搜索，另一种方式是标签搜索，如图 5-1 所示。我们先用书名搜索，输入主题关键词，如“精力管理”，搜到的书通常和主题高度相关。但也有一种情况是，相关主题的书的书名中没有主题关键词，比如我们只搜索“精力管理”，可能搜不到《意志力：关于专注、自控与效率的心理学》这本书，可是意志力的原理和使用技巧，其实是精力管理中非常重要的一部分。这个时候我们要用好豆瓣读书的标签搜索，具体路径是“豆瓣读书—所有热门标签—标签直达”。标签搜索的好处是只要某本书的内容和我们的主题相关，即使这本书的书名里没有主题关键词，我们也可以搜到它。

我们搜索了相关标签后，豆瓣读书页面的右侧还会出现该主题最近受关注的书，这些书通常也是我们需要的。点开单本书的主页后，系统会智能地给我们推荐喜欢该书的人也喜欢的其他书。这个推荐书单本身就是一个主题书单，我们可以直接拿来用。在使用豆瓣读书海选书籍的过程中，我们可以把书名搜索、标签搜索和推荐书单结合起来使用。

图 5-1　豆瓣读书的搜索方式

（2）使用卖书网站

卖书网站不仅包括京东、当当、亚马逊，还包括多抓鱼、孔夫子旧书网等二手书网站。我们不仅可以使用新书网站的自动推荐功能海选书籍，还可以通过二手书网站搜索一些绝版书和断版书。

（3）使用图书馆

当我们的阅读主题（如历史、哲学和法国文学）比较宽泛时，使用图书馆找书是非常方便的。图书馆里的书都是被分门别类放好的，而且一般都是经过挑选的，尤其是大学图书馆里的书，本身就有一定的质量保证。另外，图书馆里的书是现成的，这更方便我们挑书。

（4）使用微信读书等综合性电子书平台

微信读书这几年已经成为我最重要的找书渠道，它有四个不可替代的优势。第一，它可以让我们直接试读，当一本书有多个翻译版本时，我们可以通过试读来对比。第二，它支持全文搜索，也就是说就算主题关键词不出现在书名里，就算某本书只有一两个章节和我们的主题有关，我们也可以搜到这本书。第三，它支持作者搜索，当我们搜索一个作者的名字，或点开一本书的作者名字，可以直接得到该作者的书籍集合。第四，它支持书单搜索，当我们搜索一本书时，可以得到大量的包含这本书的书单。

但是通过以上四种方式找到的书，常常数量庞大且质量良莠不齐，有没有能更快找到同主题好书的方式呢？答案是有的。

（5）以书找书

以书找书应该是大家都用过的方式，即找一本好书中引用的书或一个好作者引用的书，被好书或好作者引用的书一般都不会太差。以书找书具体包括以下内容。

第一，我们先读某个领域的历史和概论，找到该领域的奠基人和奠基作品，再找出那些提供原创视角、真正为某个领域添砖加瓦、举足轻重的作者和书籍。例如，我们读复旦大学包刚升教授的《政治学通识》，就可以得到一份非常完整的政治学书单。

第二，我们可以留意一本书的参考文献，参考文献包括作者写书时所参考的书籍，我们可以据此整理出一份主题阅读的书单。

第三，我们可以通过一本好书找出同主题的其他好书。当我们知道了某个主题下的一本好书时，就可以去豆瓣读书，以及当当、京东、亚马逊等网站搜索这本书，通过网站中“喜欢读这本书的人，也喜欢……”“买了这本书的人还买了……”等功能，或在这本书的评论区中找到同主题的其他好书。

第四，我们可以从读一本书到读一个作者的全集。当我们读完一本书觉得非常有收获时，可以顺藤摸瓜地读这本书的作者的全集。尤其是在某个领域有建树的作者通常一生都围绕着一个“大问题”做研究。例如，塞利格曼除了早期研究习得性无助，之后一直在研究如何才能活得更幸福，无论我们从他的哪一本书读起，都可以顺藤摸瓜地把《活出最乐观的自己》《认识自己，接纳自己》《真实的幸福》《持续的幸福》《教出乐观的孩子》《塞利格曼自传》一起读了。当我们读通这个作者的全集后，就可以对某个主题有相对深入的了解。

在这里我想补充一点，在某个领域有建树的作者通常也是被高频引用的作者，我们可以通过微信读书的全文搜索功能搜索作者的名字，进而搜索同主题的书。例如，《影响力》的作者罗伯特·西奥迪尼（Robert Cialdini），在影响和说服别人这个细分领域非常有建树，同主题的书大多有引用他的结论，我就在微信读书中通过搜索他的名字找到了许多同主题的书。

第五，我们可以从读一本书到读一套丛书。我们除了跟着作者读，还可以跟着编辑读，我在读人民教育出版社出版的《爱弥儿：论教育》时发现，这本书是人民教育出版社外国教育名著丛书中的一本，我通过读这本书找到了一份包含 38 本书的教育学名著书单。

（6）给自己找几个“阅读导游”

能当“阅读导游”的是那些精于读书、阅读量大、阅读面广、理解能力强、拥有阅读鉴赏力和挑选好书的眼光的资深读者。他们对我们来说有点像“买手”，替我们挑选好东西。“阅读导游”可以是我们的师长、朋友、喜欢的读书博主、欣赏的人、读书社群的书友等，如果我们接触不到“阅读导游”，也可以看“阅读导游书”。例如，罗振宇的《阅读的方法》中穿插了 160 多本书的细节和片段，池宇峰的《书的全景》中导读了生理、心理、宗教、哲学、科学、技术、历史文化、社会变迁、政治、战争、教育和经济等 17 个方面里程碑式的经典书籍，这两本书都是典型的“阅读导游书”。我们在做主题阅读时，完全可以把专精于该主题的人当作“阅读导游”，把专精于该主题的人所写的书或所推荐的书当作“阅读导游书”。

我的这些找书方式，不仅适用于主题阅读，任何时候它们都可以从茫茫书海中帮我们找到最需要的书。我希望看过这本书的读者以后都不要再做满世界跪求书单的“伸手党”，每个人的人生目标、生活经历、成长阶段、当前处境、理解水平、兴趣点和关注点都不相同，所以阅读方向和阅读需求一定是不同的，现成的书单就像别人的鞋，而别人的鞋大部分时候都不合脚，被动等待别人赐给自己一份书单是行不通的。读书从来都不只包括读书，找书和选书是一个非常主动的、设计成长的过程。

第三步：筛选书单

我们通过以上六种方式，找到 30 ~ 50 本相关的书是不难的，接着我们可以列出一份实验性的书单。但是这些书的质量是良莠不齐的，不值得全部通读，我的策略是把海选书单分为精读书单、速读书单和淘汰书单三类。

分类方法是“检视阅读”，检视阅读的过程是看书名、封面封底的介绍性文字、序言和前言、目录、作者介绍，抽一个与主题最相关的章节试读，目的是审视一本书是否和主题高度相关，以及这本书写得怎么样，值不值得读。我们不用购买纸质书，通过豆瓣读书中的介绍、书的详情页内容、当当的在线试读就可以完成检视阅读。

（1）淘汰什么书

什么书应该被淘汰呢？我认为是和主题无关的、一看就觉得写得烂的书。

什么书是烂书？对于论述类书籍，我会看三个方面，首先看这本书是否有显而易见的错误和局限性；其次看这本书是否有创见，是否能给我新知，如果它都是老生常谈的内容，我就会觉得平庸；最后看它是否有成熟和清晰的逻辑结构和体系，如果它没有体系，且逻辑结构混乱，我就会觉得作者在某个领域还不够精通。如果这本书有一个方面不符合我的期待，我就会判定它不值得我花时间读。对于虚构的文学类书籍，我主要看它能否给我一种比较真实的体验，以及能否让我提取出有价值的生活隐喻。

什么书是好书？第一，某个主题下认可度高的经典书籍，这些书会被反复引用、反复修订，经常出现在各类推荐书单中。第二，经典教科书，这些书的论述严谨可靠、知识体系完整，它们也会被反复修订，不断吸收新的学术成果。第三，豆瓣评分人数多且评分超过 8 分、微信读书点评人数多且推荐值超过 80% 的书，我们要注意评分人数少可能导致分数虚高，评分人数过少时的评分的参考价值不大。第四，进入权威畅销书榜单如《纽约时报》畅销书榜单、豆瓣年度读书榜单等的书，获得权威图书奖项如诺贝尔文学奖、雨果奖和星云奖的书。榜单和获奖名单可以帮我们网罗一些视野范围之外的好书。读获奖作品也是快速提升阅读品位的一个好方法。

但以上判断标准只能作为参考，我们要靠自己多读书才能判断一本书的好坏，这样才能慢慢形成一种选书的“手感”，在这个过程中读一些烂书是不可避免的。而且十足的好书并不多，大部分的书都处于十足的好书和十足的烂书之间的某个位置，一本不能被称为“经典好书”的书也未必就一无是处，它一样可以在我们成长的过程中教会我们一些重要的事。我整体对书是比较宽容的。我一直不愿意把自己写的读书文章称为“书评”，因为我本人对评论一本书的好坏兴趣寥寥，我的读书文章统统都是在总结收获，比起评论某本书的好坏，我更关心我能从这本书里学到什么，这才是有建设性的事情。

对于淘汰什么书这个问题，我的基本原则是挑好书，剔除烂书，挑和主题高度相关的书，剔除和主题不很相关的书，这样做可以帮我们把书目简化到一个合理的范围。

（2）精选什么书

在剩下的书中，我们需要确定一份包含 3 ～ 5 本重点书的精读书单。对于同一个主题，通常 80% 的精华都在 20% 的书里，有的书一本抵得过许多本，精读书单应该是我们能找到的这个主题下最好的书。我们要把有限的时间和精力分配给对我们帮助更大的书。主题阅读的优势就是可以让我们快速入门，快速成为一个领域的初级专家，但我们到底是进入核心地带，还是连门把手都摸不到，选书是否得当是关键。我们不能随意挑选精读书单，每一本书都要有独特的作用，它们要能够互相配合，要有 1+1 ＞ 2 的效果。下面我会提供三个思路来帮助大家精选书籍。

第一个思路来自史蒂芬·科特勒（Steven Kotler）的《跨越不可能》，如何在短时间内成为一个行业的初级专家？科特勒提出一个通过五本书“击穿”一个领域的读书法。第一本书是我们能找到的在这个领域下最受欢迎的书，这本书的功能是帮我们找到乐趣。第二本书是同样很受欢迎，但通常更专业、与主题相关性更强的书，这本书的功能是帮我们唤起兴奋感。第三本书是半专业的书，仍然有趣且可读性强，但可能略有难度，包含一些专业人士才能看懂的细节，这本书的功能是给我们提供更广阔的视野和更具有宏观视角的信息。第四本书是真正深奥的专业书，关注该领域真正的专家正在思考的问题、该领域目标的最新进展及该领域有关人员正在研究的基本理念。第五本书的功能是帮我们了解该领域的未来，包括该领域的发展方向和发展节奏，给我们最前沿的信息。

以心理学为例，第一本书是类似《蛤蟆先生去看心理医生》这样既受欢迎又好读的故事书。第二本书是类似《被讨厌的勇气》这样虽然有很多的专业词汇，但依然有趣且易懂的大众读本。第三本书是类似《就这样读懂心理学》的心理学通识读本，它既覆盖心理学的基本主题，提供完整的知识框架，有大量的专业词汇，又通过活泼的语言和插图、关联日常生活等方式来降低理解门槛。第四本书是类似《自卑与超越》这样由心理学家写的专著。第五本书是类似叶浩生主编的《心理学通史》这样关注心理学新发展的书。这种思路是由浅入深、由有趣到枯燥、由业余到专业、由现有成果到未来趋势，循序渐进的一个过程。

第二个思路来自李源的《给大忙人的高效阅读课》，他认为我们要想快速进入一个新的知识领域，不要选书，要选作者，而且只读三个人的书即可，这三个人分别是开宗立派的“开创者”，打破界限的“分歧者”，总结归纳、集大成的“综合者”。

这个思路从不同的观点出发，让我们的主题阅读有丰富的思考角度，让我们获得足够的认知复杂度。例如，我们以“什么是正义”为主题来阅读，读完约翰·罗尔斯（John Rawls）的《正义论》，如果不读罗尔斯的反对者、提出一种不同的正义理论的罗伯特·诺齐克（Robert Nozick）的《无政府、国家与乌托邦》，我们的书单就不完整。而对于总结归纳、集大成的“综合者”的书，我们可以找相关领域的通识、概论和经典教材。

第三个思路是我自己常用的、从多视角精选图书的思路。我第一次做主题阅读是在10年前，我当时发现自己对日本这个国家的了解极为简陋，所以决定围绕“了解日本”这个主题进行主题阅读。

我选了戴季陶的《日本论》、白岩松的《岩松看日本》，又选了《菊与刀》，了解西方人眼中的日本；在历史方面配合着纪录片选了《日本简史》，了解日本的起源和皇室幕府更迭；在文学方面选了日本有名的古典名著《源氏物语》，还选了一些能了解日本人日常所思所想、民间文化的散文。为了围绕“了解日本”做主题阅读，我的书单涵盖了社会学、历史和文学等不同类别的书。虽然这是一次不太成熟的尝试，但多视角看待问题对我增加思维深度和认知复杂度的帮助非常大。

第四步：分别进行精读和速读

当我们确定精读书单后，只需速读剩下的书，剩下的书可以组成速读书单，对精读书单进行补充。如果我们速读时发现需要精读某本书，可以把该书升级到精读书单中。一般来说，我们需要 3 ~ 5 本精读书籍，5 ~ 10 本速读书籍。但这个数量不是恒定不变的，取决于主题的范围大小和我们想研究的深度，从三五本到几十本、数百本都有可能。我们也不一定一下子就能找到这些书并一口气读完，围绕我们人生“大问题”和“大目标”的主题阅读往往要进行许多年，甚至持续终生，我们的书目会不断得到补充和完善。有时候，我们需要对主题有一定的了解后，才能更精准地找到最能帮助我们的那些书，走点弯路是不可避免的。

我们在之前的章节里已经详细讲过精读和速读的方法了，在这里它们终于要发挥出最大的威力了。对于主题阅读，我推荐的阅读顺序是先精读后速读，因为我们精读过 3 ~ 5 本这个主题下能找到的最好的书，就对这个主题有了一个总体的把握，以此为基础，即可通过速读更快地掌握其他书。

第五步：做读书笔记

我们进行主题阅读时也需要做三种层次的读书笔记。

第一种层次：做单本书的笔记。

做单本书的笔记时，我们就要用到第一章所讲的万能读书笔记模板、思维导图笔记和读书文章了。

第二种层次：用目录矩阵表做横向串联和比较。

如果我们一本书一本书地读，一本书一本书地做笔记，笔记各自为政，当主题阅读的书目达到十几本、几十本时，我们要想做书与书之间的串联和横向比较就比较困难了。那我们如何才能把一堆书当成一个整体来读呢？如何在多本书之间自如地穿梭呢？如何不被某一本书束缚，实现批量吸收呢？

我在《自学大全》里找到一种特别好用的方法：目录矩阵表。我们可以通过目录矩阵表来进行速读。具体做法是：把主题书单中每一本书的目录和内文标题按照章节顺序填写到表 5-1 中，如果我们只看目录和内文标题无法得知其中的内容，还可以提取关键词和章节概要，我一般还会总结每本书的亮点、特色内容和新知。有了这张表，我们一下子就能看清楚哪些内容是同主题书籍共有的，哪些内容是某本书独有的；如果遇到不明白的知识点，我们还能看看另一本书的讲解是否更简单；当不同的作者有不同的观点时，我们也容易做整理，从而形成自己的思考；当一本书的论述不完整时，我们也可以找其他书做补充。

表 5-1　目录矩阵表

书目	第 1 章	第 2 章	第 3 章	第 4 章	第 5 章	第 6 章
第一本书	●●●●	●●●● ●●	●●●● ●●●●	●●●●	●●●● ●	●●●● ●●
第二本书						
第三本书						

以“如何做主题阅读”为例，《如何阅读一本书》是“主题阅读”这个概念的开创者，它帮我理解主题阅读这个高阶阅读技巧，但书中所讲的步骤有点抽象，读者不好理解，没办法直接实操；《给大忙人的高效阅读课》讲到要了解一个领域，读者可以分别读开创者、分歧者和综合者的书，这个思路让我耳目一新，但这个思路需要比较深的学养，并不适合零基础的读者建立知识体系，于是我将其吸收为一种选书的思路；《自学大全》对主题阅读的步骤讲得不够清楚，但可以完美解决如何串联批量书籍，如何做横向阅读的问题……我看过十几个版本的

有关“如何做主题阅读”的阐述，又通过总结阅读收获、做读书实验、收集学员的反馈和深度思考，最终才得出大家看到的步骤。目录矩阵表是帮助我们高效进行横向阅读的“神器”。

第三种层次：输出书或课程。

我们进行大量和精准的输入，不是为了囤积知识，而是为了创造自己的知识体系和认知框架。如果我们做主题阅读时只是一本书一本书地读，没有进行整体的吸收，同样无法形成知识体系，这种主题阅读是空有其表的。

那如何建立自己的知识体系和认知框架呢？其实特别简单，就是整理问题和答案。主题阅读最核心的是，我们围绕自己的阅读目的，梳理出有关这个主题的一系列核心问题，然后找一堆优秀的智囊团（也就是各路作者及他们写的书）来征求高质量的见解和解决方案，根据他们提供的答案，结合自己的实践和思考，得出一套系统的答案，最终实现我们的目的。经过这种内化后，知识就不仅是知识，还是我们的思考模式、行为模式和做事方法，变成了我们的一部分。

主题阅读第三种层次的读书笔记就是书或课程。当我们把问题和答案整理清楚了，面对有类似问题的人，可以用帮助过自己的东西去帮助别人。可能会有人说：“我又没有能力出书，我又没有能力开发课程。”无论大家能不能成功出书或开发课程，我都建议大家努力把读书笔记产品化，假装出一本书或开发一门课程，这可以大大提升主题阅读的内化程度。和走马观花的主题阅读相比，把读书笔记产品化，输出书或课程，知识体系的扎实性、认知的深度和解决问题的能力是不可同日而语的。

四、建立知识体系非一日之功

建立知识体系，非一朝一夕之功，非一年两年之功，乃积年之功。最后我对主题阅读还有一个建议，我建议大家在每年的年末，定下第二年的关键词，即第二年最想要解决的问题，然后第二年就围绕这个关键词来做主题阅读。如果我们每年能把一个主题读透，不要贪多，其实就够了。聚焦才更容易突破。当然了，这不意味着这一年我们就不读这个主题以外的书了，而是把这个主题作为年阅读主线。我之前说过，我们要把阅读和人生、生活、目标结合起来，把主题阅读和年目标结合起来就是很好的一种落地方式。

写到这一章时，我有一种百川归海的痛快感，因为前面所讲的高效做读书笔记的能力、独立思考的能力、掌握阅读速度的能力和阅读不同书籍的能力，可以在这一章得到综合运用。

第六章

让读书有用的能力

本章思维导图，请扫描二维码查看。

一、为什么要读这一章

我们在社会上时不时会听到“读书无用论”的声音。关于读书无用论，我一直觉得我们不应该问“读书有没有用”——这不是一个建设性的问题，而应该问“怎么读书，才能有用”“怎么读书才能最大程度地获益”——这才是建设性的问题。

我一直强调阅读能力不只是记忆和理解能力，阅读需要七大能力，其中非常重要的就是让读书有用的能力。这是我在这一章想传达的一个重要观点：让读书有用是一种能力。这种能力越强的人，阅读的投入产出比越高；这种能力最强的人，每读完一本书，就会上一个台阶，甚至开启人生新阶段，与原来判若两人。

这一章主要讲两个内容：如何让读书最大程度有用；读书变现金字塔。这一章写给这样的读者：一直在读书，阅读量不小，却感觉不到进步和成长；一直爱读书，阅读能力不弱，对读书变现感兴趣但不得其门而入。

二、如何让读书最大程度有用

（一）我们到底希望读书有什么用

在回答如何让读书最大程度有用这个问题之前，我们必须先思考一个问题：我们到底希望读书有什么用？这个问题经常会以另外一种表述出现：读书有什么意义？这不是一个能够被一次性回答清楚的问题，而是一个值得我们反复思考和反复回答的好问题。我们可以把它带上人生的道路，随着生活深度、阅读深度和认知深度不断加深，我们对这个问题的回答也会不断丰富，当然，每个人的回答也不尽相同。对我来说，读书最重要的作用有五个。

1. 帮我们跨越现实和梦想的鸿沟

我在上一章讲过，读书要为人生的目标和梦想服务。现实与梦想之间，肯定有巨大的鸿沟，如果两者的距离很近，反而说明我们的目标太小，还不能被称为梦想。读书的意义就是帮我们跨越现实和梦想的鸿沟。书籍是最易得、最便宜、最丰富的成长资源，只要我们用好它，它的助力是没有上限的，书籍里沉淀了古今中外全人类的智慧，阅读让我们可以调用这个智慧库，吸收养分，并将其转化为现实世界的竞争力，把自己养得强大，让自己不断接近目标。

我的梦想是成为一名小说家。虽然我已经全职写作 9 年了，但在写小说方面我还是一个新手，我不知道怎么开始。这个时候我读了两本书，这两本书让我有勇气开始，也让我知道应该怎么开始。第一本书是《如何写砸一本小说》，这本书有两位作者，一位作者是长期接受小说投稿的编辑，另一位作者是既写小说，又教小说创作的教授，这本书的封面上有一句话：用他人的错误为你的创作铺路，手把手教你避开 200 种创作误区。我写在封面上的阅读动机是：（1）全面系统地了解一下如何写砸小说；（2）“小说梦”永不熄灭，不写无法坦然地面对死亡。读完这本书我最大的收获就是，全面地了解了写一本小说需要同时考虑哪些要素，如怎样组合角色数量和事件数量，如何处理对话，如何处理故事背景，如何选择叙事立场等。我好像获得了一个小型的、关于小说创作的知识体系，我至少知道自己需要朝哪个方向努力了。

第二本书是《小说的骨架》，在读这本书之前，我不知道一个作者是如何把一个想法变成一本几十万、几百万字的小说的，我不知道他们如何构思角色，安排情节，推动故事。但是这本书让我看到了小说的整个创作流程，它有一套可实操、可上手的方法。

当然，这两本书无法给我实现梦想的所有能力，我还需要像村上春树在《我的职业是小说家》里说的那样“尤其是青年时期，应该尽可能地多读书。优秀的小说也罢，不怎么优秀的小说也罢，甚至是极烂的小说也罢，都（丝毫）不成问题，总之多多益善，要一本本地读下去。让身体穿过更多的故事，邂逅大量的好文章，偶然也邂逅一些不太好的文章。这才是至关重要的作业”，但这两本书让我离那个现在看起来还挺遥远的梦想，又近了一小步。我非常喜欢郝明义的一句话：阅读，有各种存在的理由以及意义，其中最动人，意义也最大的，还是阅读和理想或梦想结合的时候。有的时候是因为我们无意中读了一本书，让我们看到未来的一种迷人的可能性，开启了我们对一个梦想的接触、认知，从此我们对人生有了不同的想象、期待及规划。有的时候是因为我们对人生有了新的梦想或理想，为了往那个目标前行，从此我们对阅读有了不同的想象、期待和规划。我们通过阅读来积蓄力量，获得知识、能力和勇气去做我们之前做不到的事情。

2．提升我们对世界、人生、他人和自我的理解

有一本非常有名的社会学著作叫《不平等的童年》，它通过

比较中产阶层、工人阶层和贫困阶层对孩子的教育方式，来研究什么家庭的孩子会呈现出局促感，什么家庭的孩子会呈现出从容不迫的自如感，以及家庭教育如何塑造这两种气质。我们能想到的呈现出局促感的最浅层的原因是贫穷，贫穷会带来局促和自卑感，但金钱其实只是其中一个影响因素。这本书的篇幅很长，讲了许多因素，我只挑两个因素来讲。

第一个因素是家长和孩子的沟通方式。中产阶层的父母会把孩子放在平等的位置进行交流，鼓励他们自我表达、参与讨论、提出疑问，在这个过程中有意识地培养孩子的表达能力和思考能力。就算家长发出指令，也会给孩子大量的解释，哪怕是很小的事情。中产阶层的孩子在这种沟通环境中成长，会更自信和从容，他们觉得自己有资格捍卫自己的某种偏好，觉得自己的想法是重要且有价值的，如果遭遇了不公正的对待，他们就会为自己挺身而出。而贫困阶层和工人阶层的家长习惯居高临下，发出简短而清晰的指令，很少解释，希望孩子可以快速而尊敬地顺从他们。

第二个因素是中产阶层的家庭非常重视给孩子提供学校教育之外的补充教育。中产阶层的父母会规划课外活动，尤其重视运动和艺术方面的培养，孩子们有机会接触大量陌生的成年人，并被他们服务。这会让孩子觉得自己是一个特别的个体，是被认真关注和精心对待的。而且这些大人通常不是普通的大人，而是某个领域的专业人士或权威人士，和大量这样的成年人接触，中产阶层的孩子们能慢慢学会如何和专业人士、权威人士得体、自在地相处。而工人阶层和贫困阶层的孩子们，或因家庭无法负担补充教育的费用，或因父母不重视补充教育，或因父母无法花费大量的时间和精力陪伴自己，孩子们在学校外能够交流的成年人主要是家人和亲戚，他们从小被要求恭顺，又缺少向上交往的练习机会，所以长大以后在待人接物方面总是表现得过于恭敬和小心翼翼。

我从《不平等的童年》这本书中理解了“自如感”和“局促感”是怎么回事，这加深了我对世界、人生、他人和自我的理解，我开始和自己的局促和解，不再讨厌和嫌弃自己的局促，不再因为那种不自控的局促而觉得自己很差劲，这种局促是由成长环境造成的，不是我的错，我能做的是以后富养自己内心的小孩，让自己慢慢变得舒展和自如。同时作为妈妈，我也知道了应该如何更好地养育自己的小孩。

这是读书的第二个作用，当我们能够更深刻地理解世界、人生、他人和自我时，这种理解可以帮助我们更好地选择和行动，更从容地应对这个世界。

3. 扩展视野和眼界

我们看风景的视野由什么决定呢？答案是我们的位置。我们在山脚、山腰、山顶的视野是不一样的，站在泰山上和站在学校后山上的视野也是不一样的。因此，我们的年龄、阅历、地位决定了我们的视野和眼界。每个人的视野和眼界是有限的，而阅读可以让我们跳出局限，借别人的眼睛来看世界。

我读《最好的告别：关于衰老与死亡，你必须知道的常识》时，可以借医生阿图·葛文德（Atul Gawande）的眼睛知道衰老、濒死到底是一种怎样的处境，对垂死的人来说什么才是最好的告别。我读《活出生命的意义》时，可以借助维多克·弗兰克尔（Viktor Frankl）的眼睛进入二战时的场景，看尽人在绝境中的种种选择和表现，明白了为什么人们一直拥有选择态度和行为方式的自由，哪怕处在绝境中。我读获得诺贝尔文学奖的《第二次世界大战回忆录》时，又可以借亲历这场战争的英国前首相温斯顿·丘吉尔（Winston Churchill）的眼睛来看待战争，看他如何思考和决策。我读《我的前半生》时，还可以借爱新觉罗·溥仪的眼睛，看当一个末代皇帝到底是一种什么样的体验……

这就是读书的第三个作用：扩展视野和眼界。我们可以借助作者的眼睛看通过自己目前的地位、年龄和阅历看不到的东西。

4. 疗愈自己内心的小孩，也疗愈我们关心的人

对我影响很深的一本书是《悲伤的力量》，作者朱莉娅·塞缪尔（Julia Samuel）是一个专注于丧亲领域的心理咨询师，她在序言里问“你住在哪里，你做什么工作，发生了什么事让你来阅读我的书”。我之所以翻开这本书，是因为我的好朋友当时正经历丧亲的痛苦，面对朋友巨浪一样的痛苦，我更多的是手足无措，我害怕太简单、潦草的安慰，会伤害到她。这本书教了我很多东西，我终于知道作为一个忠实的朋友应该如何接住她的情绪，最终我陪她度过了那段至暗的时光。

因为这段经历，我和她也产生了非常深的羁绊。但其实现在回过头来看，我本来抱着帮她的念头翻开了这本书，但是最后更多的是帮助我自己，因为我也有过丧亲的经历。我的妈妈在我小学六年级的时候因病去世了，我花了 11 年的时间才能勉强做到和朋友提及这件事的时候不哽咽，又花了 6 年的时间，才能做到写文章公开讨论这件事。这本书对我的疗愈太大了，它让我重新理解了悲伤。悲伤并不会消失，很多人以为悲伤会消失，其实它永远不会，它只是埋伏在某个街角，随时准备伏

击我们。但我现在却喜欢我的悲伤，换个角度来看，悲伤是我和妈妈之间永远不会中断的连接，是她留在这个世界上的证据，无论这种悲伤是淡淡的，还是猛烈的，都是我和她游丝一样的联系。

让我最想不到的是，这本书回应了我小时候无法言说的隐秘情绪。一个人丧亲之后，她的痛苦其实不只有失去亲人的痛苦。我记得小时候，在妈妈去世后，作为小孩的我会感到一种压力，好像大人们正在用显微镜一样的眼睛观察和审视我，好像在他们眼中，谁哭得大声，谁的眼泪多，谁才是真的懂事和爱母亲。可是实际上悲伤有很多种面目，每个人度过悲伤的节奏是不一样的，有的人会哭泣和颓废，有的人会躲进工作里，有的人喜欢倾诉和讨论，有的人喜欢保持沉默。小孩的悲伤和大人的悲伤也不一样，成年人度过悲伤就像涉水过河，每一步都很艰难；而小孩度过悲伤就像在水坑里跳进跳出，悲伤的时候跳进水坑，受到孩子天性的影响又会跳出水坑，愉快地玩游戏，他们的反应没有错，无论是因为想念妈妈而悲伤哭泣还是玩耍时感到愉快。

这些隐秘复杂的、不为人所知也不足为外人道的情绪，在我心里藏得太久了，时隔多年在这本书里，我终于感到被认可和被理解了，我似乎看到多年前那个作为小孩的我被拥抱了，我感到一股巨大的疗愈力量。

5. 帮我们获得很多参考答案来想明白自己要成为一个什么样的人并雕刻自我

这里所说的“成为一个什么样的人”并不是指要取得什么成就，而是指一个人要按照什么原则来行事。我第一次有意识地打磨自己的品性是在 19 岁读了威尔·鲍温（Will Bowen）的《不抱怨的世界》后，我下定决心开始戒掉抱怨。这本书戳破了抱怨的五大底层心理动机：求关注、推卸责任、自夸、操纵他人、为欠佳的表现找借口。当我带着这五大底层心理动机去听别人的抱怨时，我开始听到潜台词，第一次体会到“当别人在听一个人说什么的时候，我已经开始想他为什么要这么说”的境界，我终于意识到抱怨大多是一种伪装。

抱怨式的倾诉并不会让我们更好受，只会让我们成倍地积累负面情绪。为了戒掉无意识的抱怨，我甚至效仿“西门豹之性急，故佩韦以自缓；董安于之性缓，故佩弦以自急”的精神，往手上套了一条小皮筋，一旦发现自己抱怨了就用小皮筋弹自己一下。戒掉抱怨后，我拥有了掌控者思维，无论遇到什么问题，我的第一反应都是想办法而不是抱怨。

而这套有规划地把自己讨厌的缺点罗列出来并改掉的方法，

我又是从《富兰克林自传》中学到的。通过读书，我们会遇到许多作者、小说角色和历史人物，我们可以从形形色色的人物言行里“见贤思齐焉，见不贤而内自省也”，这是读书的一个很重要的作用。我刻意用了“雕刻自我”这个词，因为理想的人格是慢慢成形的。成长环境带给我们的性格品性、思维模式和行为模式只是等待继续被打磨的半成品而已，只要你不同意，没有人可以决定你最终的样子。

以上内容就是我理解的读书最重要的五个作用。读书的作用当然不只有这些，它还可以在我们情绪低沉时给我们重新出发的勇气和力量，可以在我们头脑混乱时带领我们更深层次地思考和更清晰地表达，可以在我们的感受力被琐碎重复的日常磋磨得麻木时，重新唤醒我们的想象力和好奇心……

阅读从来不是目的，而是工具和手段，没想清楚到底希望读书有什么作用的人，就像坐进一辆出租车，司机问你去哪里，你却说不出自己的目的地，司机只能带着你漫无目的地兜圈子。无论我们读什么书，都要先想明白希望这本书发挥什么作用。我知道，阅读的作用和意义是没有标准答案的，我所希望的也不是给大家一个标准答案，而是希望每一个读到这部分内容的读者都可以把“我们到底希望读书有什么用”当作一个值得被反复回答的问题，慢慢得出自己的答案，然后用这个答案来指导自己的阅读。

（二）让读书最大程度有用的五大原则

1．精准输入，需要什么学什么

在学生时期，读书是以知识为导向的，学校安排学什么，我们就学什么，老师教什么，我们就学什么，考试考什么，我们就学什么，没有人问我们的需求和学习目标是什么，可能当时大家的共同目标就是考高分。考试把我们集中到一个标准化的赛道上，让大家朝着一个目标前进，但这段旅程结束后，人生就像一片旷野，大家是需要分头探路的，有些路只能一个人走。这时，我们不能再沿袭“先学着，等将来再用”的学生思维了，而应该精准输入，按需学习。

让读书最大程度有用的第一个原则是精准输入，需要什么学什么。我们可以从目标和梦想、自我期待和生活愿景、内在心理需求和外部环境要求、遇到的困境和挑战、需要突破的能力短板等方面出发，本着需要什么学什么的原则，倒推自己需要学习的内容，倒推自己的阅读方向和书目范围。

2．追问成长，最大程度获取成长养分

这里的成长可以指任何形式的成长。为了帮助大家追问这种成长，我也在第二章教给大家一种“前后对比”的办法。因为这种极其务实的阅读观念，有时就算我读到一本不太好的书（这是每个人在阅读生涯中不可避免的事），只要这本书没有让我想即刻弃读，我也会本着“烂船也有三斤钉”的原则，问自己有没有获得一些新的东西。只要能为我提供成长养分的书，我从不“以出身论英雄”。如此，方能让每一本书都为我们所用。

3．关联到我，放到自己身上琢磨

我们在读书时，最应该关注的不是别人说了什么，而是别人说的东西对我们有什么用。无论什么书，在读书前、读书中和读书后，我们始终要回答一个问题：这本书和我有什么关系？我们必须关联到自身，把所有的道理放到自己身上琢磨。为了让这个原则落地，我在万能读书笔记模板中增加了“联想发散”，又在第二章教大家如何锻炼和提升自己的联想能力，大家可以回头复习这两部分的内容。

4．行动导向，做点什么或创造点什么

很多年前有一个读者说读了我推荐的《如何阅读一本书》后，阅读能力并没有提高，他觉得自己的问题是没有完全理解这本书，应该多读几遍。我就问他："你有没有把学到的方法用到阅读中？"他表示没想过这个问题。我当时非常吃惊，我突然意识到，这件显而易见的事，并没有想象中的那么显而易见，所以我才会在万能读书笔记模板里加了一个"行动灵感"。大家在读书时，一定要竖起一根天线：如何把新知转化为具体的、可落地的行动，进而对我们的人生产生真正的影响？

行动导向是指一种习惯和意识，一种用学到的东西来指导生活，并把这种指导转化为具体的行动的习惯和意识。简单来说，行动导向就是指学习之后，做点什么或创造点什么。费曼（Feynman）说过一句话，凡是我不能创造的，我就还不理解。"行动导向"的本质是一种输出，它的核心是"创造"。很多人对输出的理解很狭隘，只理解为"写文章"，我们需要重新理解输入和输出。输入不只是读书，输入包括一切形式的信息摄入和学习，无论是读书、听课、看电影，还是人与人面对面的交流、实地考察等都是输入。输出也不只是写文章，还包括输出某种行动、某种表达、某件作品等。输入和输出的关系并不是

简单的复制或模仿，更准确的描述应该是“牛吃的是草，但挤出来的是奶”，最深度的化为己用是创造，只会照着浅显的行动建议做而不会创造的人是“书呆子”。

我读精力管理的书时，读到一个叫“努力成瘾症”的概念，它是指休息会让一个人感到愧疚，有些人需要不停地工作和学习才能肯定自我的价值，否则就会焦虑不安。而我就是那种一休息就感到特别愧疚、觉得自己在浪费时间的人。那我可以怎么做呢？书里并没有直接的建议，于是我每周给自己设置一个强制休息日，这一天唯一的任务就是休息，我还给自己规定了强制停止工作的时间，当工作和生活的边界突然清晰时，我就有了无愧疚休息时间，我的效率反而提高了。

行动导向最难的部分是：有些书只有理论或抽象的概念，我们需要将这些理论或概念转化为行动；有些具体的建议也不是为我们量身定制的，我们需要进行个性化的创造；我们还需要做迁移，举一反三，把原本用在 A 领域的东西用到 B 领域。大家可以用“5W1H”来辅助思考。

Why：我为什么要用它？

When：它适合什么时候用？

Who：它适合谁用？

Where：我可以把它用在哪里？我能不能把它迁移到别的

地方用？

What：它可以转化成什么产品和项目？

How：我该如何把它转化为具体的、可落地的行动？

5. 躬身入局，真正做到知行合一

虽然我一直是这样做的，但我第一次清晰地归纳出这个原则，是因为看到一篇《成为女性主义者，有什么用》的文章。作者刘亦瓦是性别研究专业的博士，这篇文章是她在真实的人生中践行女性主义的记录。通过她的文字，我们可以看到她是如何艰难又坚定地一步步往前探索的。我突然意识到，如果真心地认可一种观念，我们需要用行动、人生来践行这个观念，需要用人生入局，哪怕有代价，而不能只是说说而已。

（三）知道不等于马上能做到

有一句话流传得非常广：我们知道了很多道理，却依然过不好这一生。很多人都对这句话有共鸣，为什么会这样呢？因为太多人把知道和做到画等号了。我曾经在我的读书训练营里告诉学员们：“我能帮大家的最多只能到‘知道’而已，我最多只能把大家送到‘知道’，但知道不等于做到，知道和做到之间

还有一条很长的路，这条路只能靠大家自己走。知道和做到之间，隔着很多次的刻意练习。”

任何学习都是如此，我们知道理念和方法、技巧和策略，不等于马上就能完美地实践，但是知道了理念和方法、技巧和策略，意味着我们可以走最短的路线来跨越知道和做到的距离。知和行是相辅相成的，知需要在行当中强化，行也需要知去推进。

对于这一点，简·尼尔森（Jane Nelsen）的《正面管教》给我留下了深刻的印象。在我女儿刚学说话的时候，我就读了这本书，正面管教的意思是温和而坚定，既不惩罚也不娇纵地管教孩子。但我一度觉得这很难做到，我理性地知道自己应该保持情绪稳定，不能把愤怒当作工具来操纵孩子，但有时候面对孩子没完没了的哭闹，我总是想赶快制止她，所以本能的反应就是先好声好气地劝两句，如果没有用就发脾气，用成年人碾压式的威慑力来换取孩子快速的屈服。

直到发生了一件事，我才真正明白温和而坚定究竟是怎么回事。我给女儿定的一条规矩是饭前不能吃零食，但这天她很想在午饭前吃零食，并想了很多办法来谈判，包括大哭，但我的回答都是：“对不起，饭前不能吃零食，这是一个坏习惯。”我不断重复规矩，但我没有生气，也没有大声喊叫，我理解她想吃却不能吃的情绪，我给她擦眼泪，抱着她并轻拍她的后背。

大概过了20分钟，孩子对我说：“妈妈，那你把这个零食放到高高的柜子上吧。”她想出来的延迟满足的办法，是把零食放到眼睛看不到的地方。然后她就坐下来吃午饭了，从此以后再也没有在饭前哭喊着要吃零食。

温和而坚定的魔力在哪里呢？在妈妈的眼里，孩子需要反复练习来习得规矩，违反规矩的行为是不可接受的，但情绪没有对错，孩子的情绪是正常的，是可以接受的，那妈妈就要做好一个温柔的情绪容器。孩子在习得规矩的过程中，没有被贬低和斥责，也没有被惩罚和恫吓。当规矩是独立存在的规矩，孩子不用害怕因不遵守规矩而导致妈妈不爱自己，妈妈也不用因为粗暴地对待孩子而自责和内疚，立规矩这件事就会变得出乎意料的容易。这就是安全的环境，这就是温和的力量。

知道不等于马上能做到，有时候我们知道了一个道理，几年后才能真正理解和做到，这是很正常的一件事，无论是大人还是小孩，都需要通过反复练习才能真正学会某件事。请大家继续练习，用成长型思维来对待学习这件事，首先相信无论什么能力都是可以习得的，其次从一开始就意识到，“知道”只是起点，我们通过刻意练习才能慢慢接近“做到”。练习需要时间，我们也要做好“前进三步，又后退两步”的准备，这是学以致用的必经过程。

三、读书变现金字塔

接下来我们要讲读书变现的内容，我将和大家分享一个读书变现金字塔，具体如图 6-1 所示。

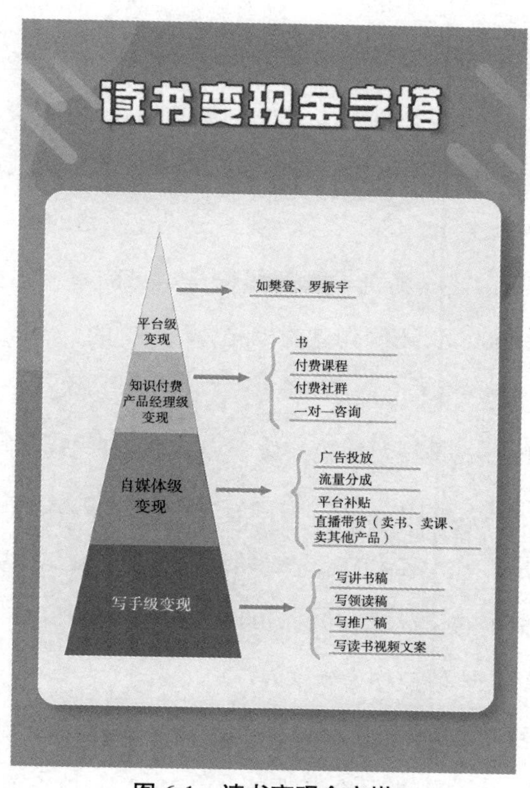

图 6-1　读书变现金字塔

（一）第一层次：写手级变现

读书变现金字塔的第一层次是写手级变现，即通过写稿子来赚钱。写手级变现包括四种方式。

第一种方式是写讲书稿，讲书稿的稿费是最高的，头部平台是得到和帆书（原樊登读书）。一篇八千到一万多字的文章需要讲透一本书，要起到让读者不读原书也知道主要内容的效果。我先后和这两个平台签约过，一篇稿子的稿费基本是普通白领半个月或一个月的工资。当然，这两个平台的品控更严格，要求也更高，把一篇稿子改三四遍是常见的事。稿费区间在4000 ~ 15000元，不同作者的标准是不一样的，不同平台的稿费支付能力也是不同的。

第二种方式是写领读稿，像十点读书、有书这样的平台会把一本书拆成5 ~ 10篇文章，用转述和简写的方式向读者介绍。领读，就是领着大家读的意思。领读稿的难度低，稿费也不高，一般一篇稿子的稿费是100 ~ 300元，一本书的稿费在1000元以内。写稿人一般被称为领读人。

第三种方式是写推广稿，目的是推广书籍，出版社或作者都会来约稿，我的稿费报价一般是一篇3000 ~ 4000元。但和有酬约稿相比，大部分出版社的编辑们更倾向于通过赠书来换稿。

第四种方式是写读书视频文案，我之前和凤凰读书在哔哩哔哩的一个账号合作过一段时间。

写手级变现在我看来是计件劳动，是没有复利和杠杆的，属于比较低效的变现模式，所以一直以来我将其视作变现的辅助手段。

（二）第二层次：自媒体级变现

媒体级别的变现是影响力变现，过程都是持续产出优质内容，吸引受众，然后随着受众规模的扩大，获得影响力和流量，再把流量卖给广告主，让广告主来投放广告。自媒体级变现也有四种方式。

第一种方式是广告投放。这是最典型的变现方式，当有靠谱的客户找你投放广告时，你的自媒体账号才算真正做起来了。自媒体行业的特点就是变化特别快，现在公众号已是“前浪”，抖音、小红书等平台的发展非常迅速。几乎所有的内容平台如公众号、头条号、哔哩哔哩、抖音、视频号、小红书等都适合做读书自媒体。新手更适合在新兴的平台做读书自媒体。做读书自媒体有四个非常大的好处。

第一，你永远不用为选题发愁，因为你读完一本书就可以输出这本书的内容，市场上的书非常多，而且书里有很多现成的优质内容，这会大大降低原创的难度。

第二，你可以通过输出倒逼输入，在做读书自媒体的过程中，你的阅读速度和阅读质量都会有所提升，就算没有赚到钱，你也通过一本又一本的书不断精进了。

第三，兼容性很强。高质量的输入永远是高质量的输出的基础。读书输出的兼容性很强，你不一定要像我一样只做读书博主，如果你想成为一个职场博主、情感博主或电影博主等，读书都可以供养你的输出。

第四，一旦你走通了这条路，回报是巨大的，你将跳出拿固定工资的命运，这是一条可以一直走下去的路，你永远都可以继续挑战自己。

第二种方式是流量分成，公众号的流量主、哔哩哔哩的悬赏计划、头条号的广告流量分成等都属于流量分成。它们的本质也是广告，但具体操作是我们提供内容，平台接广告，平台根据我们提供的内容的曝光量，给我们广告收益分成，如果内容的阅读量高，我们的收入也是非常可观的。

第三种方式是平台补贴，目的是激励创作者持续创作优质的内容。最典型的是头条号曾经的“青云计划”，一旦入选“青云计划”，我们每个月的第一篇文章有1000元的补贴，从第二篇文章起，每篇文章有 300 元的补贴，优质账号还有 5000 元的补贴。现在的优质作者都有专门的小编负责维护，定期给予流量和商业合作扶持。哔哩哔哩也有“bilibili 创作激励计划”，平台对投稿进行评估后会给予相应的补贴。一些内容优质、受欢迎的读书博主还能赚到平台签约费。哔哩哔哩就有读书博主拿到过平台签约费，这是平台留住优质创作者的手段。

第四种方式是直播带货，如卖书、卖课和卖其他产品等。

赚稿费和做自媒体并不矛盾。我们把自媒体做起来后，肯定会收到写稿邀请的，当我们被更多的人知道和认可后，工作机会自然就来了，而且我们也更有议价权了，所以大家真的不要急着赚钱。我为什么优先做自媒体呢？因为给别人写稿是一次性的买卖，是打工思维，我得按人家的要求写稿子，只有有限的话语权。但是做自媒体是建立自己的个人品牌，是创业思维。大家要把眼光放长远一点，当我们有了个人品牌，品牌的影响力会越来越大，我们的赚钱效率也会越来越高。有了个人品牌后，我们就可以开启下一层次的变现了。

（三）第三层次：知识付费产品经理级变现

当我们能产出非常优质的内容，又具有一定的影响力时，就可以进入第三层次的变现了。知识付费产品经理级变现有四种主要的产品形式。

第一种产品形式是书。除了文学创作，很多论述类书籍的本质就是读书笔记。很多书本质上就是一本主题阅读的读书报告。大家围绕一个领域读 50 ~ 100 本书后，在这个基础上进行知行合一的实践，从实践中拿到结果，再结合自己的经验进行深度思考，形成自己的见解，有自己独特的创造，就可以尝试写一本书。

第二种产品形式是付费课程。这本书就脱胎于我的读书付费课程，接下来我还会开设写作课、读书会等来丰富我的产品矩阵。我们可以通过两种方式吸引学员，一种方式是通过不断输出优质内容建立专家人设，另一种方式是展示自己拿到的成果。我正是通过一篇又一篇的读书文章吸引了大量学员，我的大部分学员是我的老读者，他们从我的文章中认可了我的阅读能力。我证明了光靠写读书文章是可以活得很好的，我接到了广告，开发了课程，写了书，给大平台写稿，我的实践有了成果，所以大家愿意跟我学习。

第三种产品形式是付费社群。读书付费社群就是由领读人带着大家精读书籍，樊登读书会就是靠读书付费社群的会员起家的。一般在读书付费社群中，除了组织者，每一个成员也会产出内容，读书付费社群有大量的互动和陪伴。

第四种产品形式是一对一咨询。当大家有了影响力，成了某个领域的专家，就可以进行一对一的咨询服务了，这在行业内是一个普遍的业务，不同的人的收费标准是不一样的。我们进一步延伸这个业务，可以把它变成一对一的私人课程，即根据不同学员的情况为他们定制针对性的课程，不同导师的收费标准也不一样，半年的学费从几千元到几万元不等。

（四）第四层次：平台级变现

第四层次的变现是平台级变现。平台级变现的要求比较高，像帆书（原樊登读书）和得到就是平台级变现的代表。樊登和罗振宇开始做自媒体后建立了个人品牌，接着推出了自己的知识付费产品，最后为其他知识型 IP 提供平台。

如果大家想通过读书来变现，想成为一个职业读书人，一定要明白这个读书变现金字塔及它的底层逻辑。大家可以做一个长远的职业规划。当然，以上所说的所有变现方式都是建立在大家能读好书、读透书，能真正从书籍中受益的基础上，大家先通过读书让自己受益，再用帮助过自己的东西帮助别人，这就是读书变现的本质。

读书变现不需要大家有多么惊人的才华，只要大家肯踏踏实实地下功夫，成长是很快的。我讲的这四个层次的变现都有很好的前景，当然，等我们打造出个人品牌，有了影响力，我们一般可以同时采用多种变现方式。读书变现是有无限的可能性的。

第七章

长期持续稳定阅读的能力

本章思维导图，请扫描二维码查看。

一、为什么要读这一章

为什么持续性和稳定性非常重要呢？我先给大家讲一个故事。在 1911 年 12 月以前，从来没有人到达过南极点，所以这是很多探险者最想做到的事。最后竞争在两个团队之间展开，一个是来自挪威的阿蒙森团队，另一个是来自英国的斯科特团队。两个团队的出发时间差不多，都在 1911 年 10 月在南极圈的外围做好最后的冲刺准备。最后阿蒙森团队在两个月后，也就是 1911 年 12 月 14 日，率先到达了南极点，在南极点插上了挪威国旗。而斯科特团队却晚到了整整一个多月。

这意味着什么呢？意味着成功和失败的区别。阿蒙森团队作为人类历史上第一个到达南极点的团队，会永载史册，获得一切荣誉；而斯科特团队虽然经历同样的艰难过程，但晚到了一个多月，没有人会记住第二名，大家只记得第一名。

但是故事到这里并没有结束。因为这些人不仅要到达南极点，还要活着回去。阿蒙森团队率先到达南极点后，又顺利地返回原来的基地。斯科特团队不仅晚到，最糟糕的是，因为回去的路上天气非常差，不断有人掉队，这个团队最后无一人生还。两个团队经历相似的环境，最后却有截然不同的结局，这一点非常值得研究。

经过研究，人们发现，阿蒙森团队的成功经验可以被总结为一句话：不管天气好坏，每天坚持前进大概三十公里。相反，从斯科特团队留下的日志来看，当天气好的时候，团队成员就走得很快，每天前进四五十公里，甚至六十公里；但当天气不好的时候，团队成员就睡在帐篷里，一边吃着东西，一边诅咒恶劣的天气。

我第一次听到这个故事时非常震惊，因为我发现阅读也是如此。我刚开始读书时，就采取斯科特团队的策略，当状态好、时间多、很有动力的时候就看得非常快，一天能看完一本书。最巅峰的时候，我一天能看一本书，一个星期能看七本书，而且这些书都是有影响力的好书。当我状态不好、比较忙碌、没有动力的时候就干脆不看，但到年终总结时我惊讶地发现，我一年才读了不到十本书。我刚开始不愿意相信这个结果，因为在我的印象中，我虽然是断断续续地看书，但一直都有在看，而且阅读速度绝对不慢，怎么可能平均一个月还读不完一本书呢？我总是期待着突飞猛进式的进展，结果却连及格线都达不到，这件事太让我吃惊了。后来我采取了阿蒙森团队的策略，不管自己状态好不好、有没有时间和动力，坚持每天同时看两本书，每本书读 50 页，不多读，也不少读。以每本书 300 页来算，我每个月可以持续稳定地读 8 ~ 9 本书，每年可以稳定地读 100 本书。采取这个策略之前，我每年从来没有读过这么多的书。

日日不断之功，比偶尔爆发更有力量。保持长期持续稳定的阅读，才是阅读高手的策略。我看过很多讲阅读方法和阅读技巧的书，但是很少有人把这一点作为阅读能力的一部分来讲，但在我看来，保持长期持续稳定的阅读，是非常重要的一个阅读能力，我们应该极其重视并刻意培养这种能力。它看起来不起眼，是七大能力里最没有门槛、最不需要才华的一个能力，但它就像“1”，其他六个能力是后面的“0”，有了“1”，后面的“0”越多，我们的阅读能力就越强，没有“1”，后面的“0”再多，我们也无法拥有真正的力量。

这时有人会说：“不是我不想，而是我真的做不到啊！我没有那种坚毅的性格，我天生就是‘三分钟热度’的性格。”不，“坚持”不是一种性格，而是一种可以被训练的能力。

和上一章一样，我们换一个思考角度就是换一片天地，我认为“让读书有用”是一种能力，我专门拿一章来讲它：如何让读书最大程度有用；读书变现金字塔。在我的读书训练营，有位同学上完课后写道：“哦，原来让读书有用是一种能力，我一直以为是一种观点。那我们可以通过训练来获得并加强这种能力，这还挺让人兴奋的。”同理，很多人把坚持当作一种性格，认为自己要么能坚持，要么不能坚持，这就掉进了固定型思维的陷阱，如果我们把“长期持续稳定阅读”正确地理解为一种能力，我们就可以聚焦于如何获得这种能力，把自己放进成长型思维的上升螺旋里。

这一章献给困在“想要改变—制订行动计划—坚持一小段时间—因某种原因中断—主动或被动放弃—被挫败感包围”的循环里的人，我将交付一套不需要完全仰赖意志力、更聪明、更省力的办法来帮助大家获得长期持续稳定阅读的能力。

二、习惯养成的原理

要保持长期持续稳定的阅读，我们必须养成阅读习惯。我建议大家通过养成习惯来实现改变，这并不是纯粹的经验之谈，而是有扎实的神经生物学的研究成果的支持的。

我们培养习惯，其实就是在改造大脑。我们每养成一个习惯，就会在大脑里建立一条神经通路。神经通路就是习惯在身体里的“长相”。它的工作原理是这样的：一旦某个习惯指定的神经通路被某个想法或外部信号触发，脑中就会有一个电荷沿着这条通路放电，然后我们就会有一股想推进这项习惯行为的强烈欲望。例如，我们每天早上起床要刷牙，大脑里就会有一条神经通路和这个习惯关联，我们一起床，这个“刷牙神经元”就会放电，然后我们就会像傀儡一样走进洗手间刷牙，根本不需要思考。习惯越根深蒂固，与之关联的神经通路就会变得更粗、更牢固。

那我们如何建立并强化特定的神经通路呢？答案就是不断地重复，重复足够多次。《微习惯：简单到不可能失败的自我管理法则》的作者有一个非常精妙的比喻，建立习惯就好像骑自行车上陡坡：上坡、到顶、下坡。刚开始，我们必须用双腿的力量蹬自行车，一直重复地蹬，直到顶部。接着我们就可以依靠惯性的力量轻松下坡。建立神经通路就像上坡，建好神经通路后我们就可以像下坡一样轻松了，行为会被自动、无意识、不费劲地重复执行。

大脑中和习惯改变有关的部位有两个：一个叫前额皮层，另一个叫基底神经节。建立神经通路的时候，控制习惯的是前额皮层，它是一个聪明的管理者，不仅可以理解长期利益和结果，还负责处理短期思维和决策，就是它决定我们要养成跑步、早起和读书这些好习惯的，因为它知道这些习惯对我们有好处。在我们懈怠的时候，它还会给我们打气并监督我们。建立好神经通路后，控制习惯的是基底神经节，它是愚蠢的重复者，它不思考，也没有情绪，但是它可以无意识、自动、机械地执行我们的习惯行为。一旦它开始控制习惯，我们就可以不费劲地重复。为了节省能量和注意力资源，只要有可能，大脑都会把一些任务交给无意识去自动执行。建立习惯的目标，就是让基底神经节，从前额皮层的手里接手控制权。

根据研究，在我们每天的行动中，有 40% ~ 50% 的行动出自习惯，我们的目标就是把读书变成这 40% ~ 50% 的行动中的一项。我决定写这么多篇幅来讲习惯养成的原理，是因为我之前很长一段时间都没有真正意识到习惯对人的行为有多么强的控制作用，一直低估它，甚至在每次听别人说“养成好习惯”时都会产生一种说教的厌烦感。我从心底不相信所谓的习惯的好处，拒绝和抵触习惯这个概念及其背后的原理与方法论。这导致我长期无法很好地掌控自己的行为，理解习惯养成的原理，是我进行自我管理的一个重要分水岭。

所谓习惯，就是重复了足够多的次数而后变得自动化的行为，所以养成习惯的关键是重复，养成习惯的难点也是重复。

三、养成习惯的四大定律

那我们如何把阅读变成一个真正持久的习惯呢？接下来我

会给大家一套非常系统的阅读习惯养成方案，但是在讲这个方案之前，我想先说一下原理。整个方案是建立在詹姆斯·克利尔（James Clear）的《掌控习惯》这本书的理论基础上的。这本书认为重复行为（习惯）的产生有四个阶段：得到提示、产生渴求、做出反应和获得奖励。

我举一个例子来帮助大家理解。你的肚子饿得咕咕叫，这是得到提示，提示是触发行为的信号，因为有提示，行为才会启动；你想填饱肚子，这是产生渴求，当你当前的状况与你期待的状况有差别时，就会产生渴求，渴求的本质是渴望内在状态的改变；你点了一份外卖，这是做出反应，反应是能满足渴求的行为；你吃饱了，打了个饱嗝，感到很满足，这是获得奖励，奖励是行为的结果，如果你做出的反应没有得到有奖赏价值的结果，这个行为就不会重复。

那我们如何通过重复行为的产生原理，把阅读变成一个真正持久的习惯呢？

第一，在“得到提示”阶段，我们要让提示我们阅读的信号显而易见。

第二，在“产生渴求”阶段，我们要把阅读这件事与我们的内在渴求深度捆绑在一起，让它变得有吸引力。

第三，在“做出反应”阶段，我们要让阅读这件事变得简便易行。

第四，在“获得奖励”阶段，我们要保证阅读后可以获得愉悦感和满足感。

总体的思路就是，我们顺应内心的需求，顺应思维习惯，重新设计我们的行为。

（一）得到提示：让阅读这件事显而易见

如果我们想培养一个好习惯，就要设置多个简单且明显的提示，给大脑发送触发这个行为的信号；如果我们想戒掉一个坏习惯，就要有意识地减少触发这个行为的暗示。让阅读这件事显而易见的提示有以下四种。

1. 时间提示

时间提示是指我们选择固定的时间段作为专门的读书时间，一到时间就去读书。我的公众号“李小墨的日记”已经不间断地更新4年多了，我向粉丝承诺只要我一天不更新，就发500元红包作为惩罚，每晚10点就是我写日记的时间，这个时间对我来说是一种强烈的提示，每天安排工作时，我都会把一天的最后两小时空出来。每天晚上时间一逼近10点，我就知道自己应该做准备去写日记了，如果我觉得累，我会提前休息一下，恢复一点体力和精神。

所以我的第一条建议是：回顾你每天的日程，从中选择一个对你来说合适的时间段用来读书，从此以后这段时间就是你的专属读书时间。在这段时间里，读书具有第一优先级，无论发生什么事，你都要雷打不动。要确保雷打不动，你还需要做一个工作，提前分析可能遇到的阻力和困难，提前进行干预。例如，如果你今天情绪不好、事情比较多，或有朋友找你，你要想好面对各种状况时该怎么处理。你今天还读不读书？要不要少读一会儿？要不要选择轻松的读物？这样才能最大程度避免读书的优先级被降低，如果你想把读书变成真正持久的习惯，最好更有原则，不要轻易因为其他事情而动摇。

什么时间段是比较合适的呢？所选的时间段依每个人生活方式的不同而不同，但按照常规的上班时间，我比较推荐早晨和晚上。很多人选择在早晨读书，迪士尼首席执行官罗伯特·艾格（Robert Iger）几十年如一日坚持每天4点15分起床，就是为了能在白天的职责袭来之前腾出时间思考、阅读和锻炼。我们在早晨读书既可以避免与白天的职责冲突，还可以坐享一天当中精力最旺盛的时间段。

但并不是所有人都能早起，所以另一个时间段是晚上，即从吃完晚饭到睡觉的这段时间，通常是晚上 8 点到晚上 12 点。我建议大家在晚上读书前，用第三章所讲的“全身扫描睡眠法”快速恢复一些精力，因为我们忙完一天后通常会非常疲惫。我非常不建议大家在精疲力尽的时候，靠意志力强撑着读书，这样做的后果是阅读速度慢、阅读质量差。长此以往，我们会把读书和痛苦的感觉捆绑在一起，会让读书这件事越来越没有吸引力。

我希望时间提示可以达到的效果是：我们一到时间就去读书，不用犹豫，不用做任何的心理建设，也不用说任何话来说服自己。

2．紧跟着的动作

也有很多人做不到准时在某个时间段读书，那怎么办呢？第二种非常有效的提示是“紧跟着的动作”，我们可以把读书和已有的老习惯、固定日程进行捆绑。这种提示就像“搭便车”，与从零开始养成一个新习惯相比，成功率要高得多。

我依靠这种提示养成了很多习惯。我的女儿小房子 4 岁时，我们开始每天学习一个视觉单词。但在刚开始的一两个月，我们总是三天打鱼，两天晒网，我忙起来顾不上她是常有的事，后来我开始把这件事和她放学的固定日程捆绑起来，她每天放学一到家，我们就开始学视觉单词，结果就养成了这个习惯。

背诗也是如此，我想让她养成每周背一首诗的习惯，但过程也不顺利，后来我就把背诗和她上学这个固定日程进行捆绑，把诵读音频放进播放器，让她一路听着音频上学，结果她就养成了背诗的习惯。

常见的捆绑有：起床就读书、睡前洗漱后读书、午饭后读书、午睡起来就读书、跑步后读书等。捆绑的好处是：我们能更自然地把读书融入生活，让读书成为我们的例行公事，而且读书的时间也更加灵活。大多数人难以养成读书习惯的重要原因就在于，在何时何地读书对他们而言是悬而未决的。他们喜欢说，有时间就读书，但其实什么时候都能读等于什么时候都读不了，如果大家抱着有时间就读的心态，读书时间一定会被其他事情侵占。

3. 地点和工具设备提示

在一项研究中，科学家们告诉失眠症患者，只有当他们感到疲惫不堪的时候才能上床睡觉，假如他们无法入睡，就先去别的房间坐着，直到昏昏欲睡再回卧室。久而久之，这些失眠症患者开始将床和睡觉的行为联系在一起，当他们爬上床，就能很容易入睡。因为他们的大脑认识到，卧室不是玩手机、看电视的地方，而仅仅是睡觉的地方。这就是我们大脑的工作方式，我们会把习惯分配给产生习惯的地点。

我们该怎么通过大脑的这种工作方式来帮助自己养成读书习惯呢？我们需要安排一个专门用来读书的地点，如果有条件，可以收拾出一间书房，如果没有条件，可以收拾出一个专门用来看书的书桌、舒服的单人沙发、读书角，或到书店、图书馆、咖啡馆等安静的场所读书。习惯电子阅读的人最好有一个专门用来读书的电子设备。

我们不要把读书的地点、环境和设备，和做其他事的地点、环境和设备混在一起。因为如果没有清晰的功能分区，一旦我们开始把不同的习惯混在一起，那些比较简单的习惯就会占据上风。例如，我们坐在书桌前既可以玩手机又可以读书，玩手机不需要专注力，也不需要费脑力，但读书需要专注力，也需要费脑力，那玩手机自然就占据了上风。如果我们既用手机打游戏，又用手机读书，打游戏也很容易占据上风。这样一来，我们的读书环境就变成了一个充满诱惑的环境，而拒绝诱惑、抵抗干扰是一件非常消耗意志力的事。

我非常认可《掌控习惯》的作者詹姆斯·克利尔的一个观点：如果你想要稳定和可预测的行为，你需要一个稳定和可预测的环境。一旦我们把读书这件事和某个地点、某个设备牢牢地绑定在一起，我们几乎不需要动用意志力。

4. 视觉提示

我们总是容易高估意志力和内在驱动力的作用，低估环境的作用，其实环境有时候更重要。视觉提示包括物理环境的视觉提示和信息环境的视觉提示。

《掌控习惯》里有一个案例对我的启发非常大。有一名保健医生成功改善了几千名医院员工和来访者的饮食习惯，让他们吃得更健康，但她根本没有去劝说这些人，那她是怎么做到的呢？答案就是改造环境。例如，她想让大家喝矿泉水，而不是苏打水，她就在每个点餐台旁边都摆上矿泉水。接下来的三个月，苏打水的销量显著下降，矿泉水的销量显著上升。

想象一下，如果我们家里没有几本书，我们要多久才会想起读书这件事呢？所以我的建议是：如果大家家里的书很少，请列一个书单，列出最想看的书或一些经典书，然后去买书，先买 100 本书，如果觉得贵可以买二手书，这绝对是一笔划算的投资。我们让自己被书包围，在书架、书桌、床头、客厅和包里都放一些书，书就变成了我们生活的一部分，对我们而言，这些书本身就是巨大的视觉提示。此外，我们也可以张贴一些能激发读书动力的格言，这些格言也是一种视觉提示。

除了注意物理环境的视觉提示，我们还要注意信息环境的视觉提示。我们可以换一个提示读书的手机壁纸，可以把常用的社交媒体的昵称改成读书目标，可以关注不同的读书博主，这样就能不断收到读书的视觉提示。

总结一下，我分享了四种让阅读这件事显而易见的提示：选择固定的时间段来读书，让固定的时间来提示；把读书习惯与老习惯、固定日程捆绑在一起，让老习惯或固定日程来提示；安排固定的读书地点和工具设备，让地点和工具设备来提示；在家里各处放满书，在信息环境中增加与读书有关的内容，用视觉触发来提示。大家也可以想更多的、更适合自己的提示，这个阶段的目的是：让阅读这件事显而易见。

（二）产生渴求：让阅读这件事充满吸引力

但是让阅读这件事显而易见只是第一个阶段，在第二个阶段，我们要让阅读这件事充满吸引力，否则就算它在我们的生活里随处可见，我们也会视而不见，因为我们对它不感兴趣。那我们如何让阅读这件事充满吸引力呢？

1. 把阅读变成一件愉快、好玩、有趣的事

许多人难以养成阅读习惯，就是因为设置了太多的条条框

框，把阅读变成了一件毫无乐趣的苦差事。

第一，我们要自由地阅读，做一个任性、自由的读者。我们可以参考法国当代作家达尼埃尔·佩纳克（Daniel Pennac）的作品《宛如一部小说》里的“读者权利十条”。

第一条：不读的权利。

第二条：跳读的权利。

第三条：不读完的权利。

第四条：重读的权利。

第五条：读不择书的权利。

第六条：包法利症（易被小说内容感染的症状）。

第七条：读不择地的权利。

第八条：随意选读的权利。

第九条：朗读的权利。

第十条：默读的权利。

其实没有任何一本书是非读不可的，我们会遇到话不投机的人，自然会遇到话不投机的书，就算它的名声很响亮，我们也可以不读。书不只逐字逐句读完这一种读法，我们可以跳读。遇到不符合期待的书，我们也可以半路弃读。如果我们欣赏一本书，也可以重读。我们可以读任何书，不要被别人的评价标准束缚，书不一定非得是经典。我们也可以在任何地点读书，不必非得正襟危坐、摆开架势，古人甚至在马上读书。我们也不必要求自己把每本书都读懂，那些我们读不懂、读不完、读得一知半解的书也有自己的意义，正是因为我们跳出了阅读舒适区，才会遇到这样的书。

第二，我们要读自己真正想读的书。我们要追随真实的阅读动机，不要随波逐流，不要因为虚荣心、迷信权威等，逼迫自己读不想读的书，即使它是公认的好书。

第三，如果有的书超出我们的理解力范围太多，我们不要硬读，可以等理解力有所提升后再读。我们也不要立刻给这本书“判死刑”，也许现在觉得它是枯燥乏味的，但等以后我们的阅历丰富了，理解力提升了，它可能会变得充满吸引力。当然，我们也可以找一些辅助书，帮自己跨越过高的理解力门槛。

第四，我们可以把难和易、厚和薄、枯燥和有趣的书混在一起读。如果我们一直在攻坚克难，一直是好久都看不完一本书的状态，自然容易气馁，这时我们可以安排一定比例的好读的书，让自己不断感受到阅读进展，以便建立信心和培养兴趣。

但是大家要注意，除非是被判定为不值得多花时间的书，否则不要轻易半途而废，也不要同时读太多书，3 ～ 5 本为佳，否则很容易变成“把篮子里的所有苹果都咬一口，然后都不要了”的读法。

第五，我们要懂得适可而止。《老人与海》的作者海明威（Hemingway）有一个著名的写作建议：最佳做法是一定要在你感觉还好的时候，及时收手。这个建议也适用于读书。除了少部分拿起来就放不下的书，大多数时候，读书都会随着精力的消耗而经历从兴致盎然到厌烦疲倦的过程。我的秘诀是见好就收，如果我看得差不多了，就会在兴致还不错、依然很想往下读的时候适时停止，这样可以保证我下次依然有兴趣读。

第六，我们可以搜索作者和书的故事。我在第四章和大家分享过我之所以对卢梭的《爱弥儿》产生兴趣，是因为听了一则故事，终生过着像钟表一样规律的生活的康德收到《爱弥儿》的书稿后欣喜若狂，一生中唯一一次忘记了去散步。像这样的故事可以提升我们的阅读兴趣。

第七，我们可以使用金句吸引法。有时候，一本书里的金句和段落，常常像钩子一样把我们勾住，点燃我们的阅读热情，因此，我们可以使用金句和段落来增强自己的阅读兴趣。我们可以在内容平台上搜索读书文章，从他人的引用中发现精彩的金句和段落，也可以用微信读书的“热门划线”功能提前浏览。

总而言之，我们的宗旨是，想尽办法把阅读变成一件乐事，而不是一件苦差事。

2．把阅读和迷茫感、焦虑感、无力感捆绑在一起

渴求的本质是寻求内在状态的改变。雪碧的广告就是把渴的感觉与雪碧捆绑在一起，让顾客只要一觉得渴，就想喝雪碧。那我们该怎么让自己对阅读这件事产生渴求呢？我的秘诀就是：把阅读和迷茫感、焦虑感、无力感捆绑在一起。王小波有一句话，所有的痛苦都是对自己无能的愤怒。痛苦的本质都是无能感和低掌控感，而阅读是自我提升的重要途径，也是成本最低的途径，所以每次我感到迷茫、焦虑，产生无力感的时候，我就会去阅读，密集地阅读，大量地阅读。每次我陷入低谷，总是阅读把我打捞出来。我们一旦把阅读和迷茫感、焦虑感、无力感捆绑在一起，阅读对我们的意义就变了，它变成了缓解和消除迷茫与焦虑，提升人生掌控感的方法。

3．把阅读和最重要的生活目标捆绑在一起

把阅读和迷茫感、焦虑感、无力感捆绑在一起容易出现一个问题：为了读书而读书，用读书来逃避生活。所以我们还要把阅读和最重要的生活目标捆绑在一起。如果我们不知道如何做职业规划，就可以看职业规划方面的书；如果我们不知道如

何理财，就可以看理财方面的书；如果我们不知道如何谈恋爱，也可以看相关的书。

我毕业后的第一份工作是报社记者，在实习期时，我对新闻采写的信心不足，当时最重要的目标就是尽快度过实习期，成为一个独当一面的记者。而梅尔文·门彻（Melvin Mencher）的《新闻报道与写作》讲了各种不同情境的具体报道思路。我当时如获至宝，把这本书读了两三遍，顺利度过了惶恐的实习期。

把阅读和最重要的生活目标捆绑在一起，阅读就变成了刚需。请相信一件事，无论我们遇到了什么困难，一定有很多人遇到过类似的问题，并且一定有聪明的过来人想到了解决办法，并把自己的思考和办法总结出来，写成了书，毕竟人类的智慧就是这样代代传承下来的。我们不用重新发明轮子，而要站在前人的肩膀上靠近目标。多年下来，我仿佛形成了一种肌肉记忆，每次有新的目标或遇到困难时，我的第一反应都是，有没有哪本书可以帮我？这种思维让我永远用一种积极的心态面对人生，而不是逃避和沉沦。

4. 利用他人对我们的影响

我在前面说过，渴求的本质是寻求内在状态的改变，而很多时候我们渴求改变，是因为受到他人的影响。我们的早期习惯不是选择的产物，而是模仿的产物。我们尤其注重模仿三个群体：亲近的人、群体中的大多数人、我们欣赏和仰慕的人。如何让亲近的人帮助我们养成阅读习惯呢？如果想让孩子养成阅读习惯，最好的办法是父母自己养成阅读习惯，所以我们可以选择结交一些爱读书的朋友，朋友之间的互相影响非常有助于我们巩固阅读习惯。

如何让群体中的大多数人帮助我们养成阅读习惯呢？答案是加入自己喜欢的读书社群。最糟糕的情况是阅读在我们所属的群体里，是一种格格不入的行为。如果周围的人一看到我们读书，就阴阳怪气或大惊小怪，这会让我们羞于公开读书或羞于公开承认自己喜欢读书。我们都有融入集体的需要，群体氛围的影响是非常微妙的，如果在一个群体里，不读书才是正常的，久而久之，我们就会渐渐放下阅读习惯。但如果在一个群体里，阅读就是一种生活方式，那么加入这个群体后，阅读也就更容易变成我们的生活方式了，没有什么比群体归属感更能维持一个人做事的动力了。

如何让我们欣赏和仰慕的人帮助我们养成阅读习惯呢？答案是给自己找一个读书榜样。我的读书榜样是大学时回校演讲的一个校友，我已经不记得他的模样了，但是他对我产生了深刻的影响。他可以轻松调用知识，发表观点，他充满魅力的模样让我爆发出阅读的野心，爆发出用阅读建立一个庞大复杂的知识体系的野心。我想成为像他那样的人，在当时的年纪，我因为这个念头而对阅读有了一种狂热。我希望大家都能找到自己的读书榜样，都能找到一个欣赏、仰慕、想成为的人。这个人可以是我们工作中的偶像，可以是历史上某个伟大的人物，也可以是我们喜欢的一个作者，只要他能激发我们的阅读热情，就可以成为我们的读书榜样。

（三）做出反应：让阅读这件事变得简便易行

如果我们想养成一个好习惯，就要让它变得简便易行，如果我们想戒掉一个坏习惯，就要给这件事设置重重的障碍。人总是贪图安逸的，人有一种非常强大的行为倾向：怎么省事怎么做。如果我们面前有两个选择，大脑会本能地倾向于需要更小工作量的、更不费力的那个选择，所以我们一定要让阅读这件事变得简便易行。

1. 避免高阻力、高诱惑的环境

大家想象一下，在一个十分平常的晚上，你有两小时的可支配时间和两个选择。一个选择是读书，你需要专注力，需要去思考和理解；另一个选择是玩手机，你不用动脑子，只要瘫在沙发上消费别人的内容就可以了。你会选哪个？很少有人能抵御手机的诱惑，就算抵御住了，抗拒诱惑的过程也非常消耗能量。

坏习惯通常是满足我们的短期利益，能让我们获得即刻满足感的，它和欲望挂钩；而好习惯要求我们延迟满足，去追求长期的利益。我们能马上体会到玩手机的快感，却需要日积月累的坚持才能品尝到读书的好处。

为什么欲望总是很容易战胜理性呢？为什么我们总是为了获得眼前的快感，不顾更重要的长期利益呢？这也不能完全归咎于我们的意志不坚定，里面有一个生物性的原因，我们需要了解多巴胺的影响。我们的大脑在获得快感的时候，会分泌一种叫多巴胺的荷尔蒙，多巴胺只想马上获得快感，它会粉碎理性和意志，支配我们的行为，所以要想改掉坏习惯，很重要的一件事就是：减少致使多巴胺大量分泌的诱惑性契机。

简单来说，我们不要把手机放在面前，而是把它关机，放到另外一个房间，甚至把它锁进抽屉。一旦我们想拿手机，就要站起来，走到另一个房间，开锁，开机，整个过程有重重的阻力，在这个过程中，我们的理性会回归。大家不要总觉得自己的意志力可以战胜诱惑，应对多巴胺的策略就是“我惹不起，但躲得起”，远离能让多巴胺分泌的诱惑。

2．使用微习惯策略

我在第四章提到过，微习惯策略包括设定微目标和自由超额。我们可以设定一个和能力上限比起来小到不费吹灰之力就能完成，小到我们没有任何抵触心理，小到任何意外情形都不会影响我们完成它，小到我们没有任何理由拒绝完成它的微目标，如每天读一页书。如果一页书还让我们有抵触心理，我们可以改成每天读一行字或每天翻开一本书。微目标规定了我们的行为下限，但它没有上限，因为完成微目标后我们可以自由超额。我们每天读一行字，读完就不想读了，就算完成目标。但如果连续读了好几页书当然没问题，如果一口气读了半本书当然也没有问题。

3．做好准备工作

我有一个习惯，每天晚上用完书桌，会收拾好书桌，摆上我的阅读架，摊开明天早上要看的书，放好要用的笔和便签。这些动作非常简单，只需要一两分钟，但是大大降低了我坚持阅读的难度。因为当我把一切都准备好时，到了特定的时间，我只要坐到书桌旁就可以开始阅读了。最糟糕的是，当我们要阅读时，还要先收拾乱七八糟的桌子，要到处找笔，我们很可能因此而放弃阅读。

4. 提前制订阅读计划并写下来

要养成长期持续稳定阅读的习惯，我们得一本书接着一本书地读，对不对？所以我建议大家至少要提前计划好并买好未来一周要读的书，避免因为纠结看哪本书或因为没有买书而出现空窗期。我自己每周六都会复盘并制订下周的计划，其中就包括阅读计划，我一定会确定好下周具体读什么书，以及读多少本书，然后把周目标分配到每天的行动清单里。提前制订阅读计划并写下来，提前买好要读的书，会让阅读这件事变得简便易行。

5. 买一个阅读架，让脖子不酸痛

阅读的姿势也是我们坚持阅读的一个阻碍。因为书是平摊在桌子上的，我们很难不弯曲脊椎、低头看书，就算我们挺直了背，也坚持不了多久。但是长时间弯曲脊椎、低头看书会导致肩颈酸痛，时间久了，我们就会把阅读这件事和不舒服的感受绑定。所以我建议大家买一个阅读架，让自己平视也能读书，

我自己买了一个阅读架后，就再也没有因为肩颈酸痛而难受过。

（四）获得奖励：创造即刻满足感

只有一个行为的结果有奖赏价值，我们才会重复这个行为，如果一个行为给我们带来惩罚和损失，我们就不会重复这个行为。人的行为逻辑其实非常简单：重复有回报的行为，避免受惩罚的动作。回报有两种：延迟回报和即时回报；惩罚也有两种：延迟惩罚和即时惩罚。

我们的祖先原本是游荡在非洲大草原上的猿人，他们的大多数行为都会立竿见影，如吃什么、去哪里找水源、怎么躲开捕食者，所以他们只关注眼下或不久的将来。这样的环境被科学家们称为即时回报的环境，行为会立即产生明白无误的结果。而在现代社会，我们今天做出的许多选择并不会让我们立即受益。例如，我们工作做得好，年底才会拿到奖金；今天开始锻炼，明年才能瘦下来；今天开始读书，可能三五年后才会有显而易见的变化。这样的环境被科学家们称为延迟回报的环境，我们需要比较长的时间，才能看到预期的回报。可是我们的大脑并没有在延迟回报的环境中进化，和几万年前的晚期智人一样，我们偏爱即时回报，而不是延迟回报，我们害怕即时惩罚，而不是延迟惩罚。

我们要想把阅读变成真正持久的习惯，就要让自己愿意不断重复这个行为，那我们就得学会把阅读变成不仅有延迟回报，还有即时回报和即时惩罚的事。我们可以给阅读创造出即时回报和即刻满足感，给不阅读创造出即时惩罚。我们具体该怎么做呢？

1. 追踪阅读量，创造即刻的成就感

在讲解这部分之前，我想先讲一个故事。曾经有一个 23 岁的股票经纪人，他的日常工作就是打推销电话，因为他所在的银行位置偏僻，他又是一个新人，所以没有任何人对他抱有期待。但结果出人意料，他进步神速，并且业绩惊人。而他和其他人唯一的不同点是一个简单的日常习惯。他在办公桌上放了两个罐子，一个罐子装满 120 个回形针，另一个罐子是空的。每天一到办公室，他就开始打推销电话，每拨通一次电话，他就从装满回形针的罐子里拿出一个回形针放到空罐子里，并反复进行。

为什么这个简单的日常习惯可以提高他的业绩呢？因为他通过回形针追踪自己的拨出电话量，把自己的每一点进展都视觉化了，他可以清晰地看到自己的进展，每转移一个回形针，他都可以体会到成就感。大家不要小看这些小的成就感，它们

能量惊人，这个技巧叫回形针策略。我们如何把回形针策略应用到阅读中呢？

（1）正字追踪法

对于正字追踪法，我已经坚持了七年。这是我刚开始准备大量阅读时想出来的办法。我原本的目的只是想真实地统计自己的阅读量和阅读速度，因为我不清楚自己到底读了多少本书，以及多久能读完一本书。具体的做法是：买一张和电视差不多大的纸，把它贴在墙上，而且要贴在天天能看到且很容易触摸到的地方，每看完一本书就写“正”字的一个笔画，用马克笔写，然后在“正”字的旁边用细笔写上书名和读完这本书的具体日期。

墙上不断增加的“正”字，本身就是一种奖励形式。我们通过追踪提供了努力的视觉证据，并画出了成长轨迹，我们可以清晰地看到自己的阅读进展。每次我看完一本书，写一个笔画，都非常有成就感。“正”字创造了即刻成就感，纸上的空白会激励我读更多的书，因为我非常想把它填满。

（2）年历追踪法

我们可以在网上买到一种年历，它只有一张纸，一个月占一行，一共有12行，一个空格代表一天，每一行的最后还有总结统计的地方。我在某天看完某本书时，就会在对应日期的空格里写上书名。年历更美观，但不足之处是我们第二年就要换一张纸，而正字追踪法可以追踪很多年的阅读量。

（3）社交媒体追踪法

喜欢发表社交动态的人还可以使用社交媒体追踪记录自己的阅读进展。例如，大家可以在朋友圈“打卡”，每看完一本书就发一条朋友圈记录一下，还可以加上数量的追踪，如“2023年第15本打卡”。大家还可以修改昵称，在昵称后面写上读书的数量，如“李小墨（2023年已读完49本书）”。

2．设立永不间断的原则，“永不间断”本身就会带来源源不断的成就感

前段时间，有个粉丝找我聊天，说觉得自己很失败，她的原话是：“我感觉自己长到这么大，好像都没有一件一直坚持的、让自己特别骄傲的事情。”一直坚持一件事是会给一个人带来非常强劲的自信的，因为我们对自己的行为感到自豪，对自己的人生有掌控感。所以我的建议是：设立一个永不间断的原则。

美国喜剧演员杰瑞·宋飞（Jerry Seinfeld），就用这种方式

保持写笑话的习惯，他给自己定的目标仅仅是："永不间断"，坚持每天都写笑话。他关注的不是某个笑话的好坏，也不是自己有没有灵感，而是坚持。我第一次体会到永不间断的好处，是在公众号写日记的时候，我发现"永不间断"本身就会带来源源不断的成就感。

读书也是如此，我们可以设立每天不间断读书的规矩。有什么注意事项呢？我们要客观评估自己的阅读速度，不要设立一个不切实际的目标。我们可不可以偷懒呢？答案是可以的。如果某一天，你的状态非常差，请记住一句话：糟糕的坚持也好过放弃。即使我们做不到每天都保持最佳状态，但长期坚持的结果依然是非常惊人的。

3. 输出

第三种创造即刻满足感的方式是输出。我们可以输出文章，得到评论、点赞等各种反馈；我们可以通过直播等方式做线上和线下的分享，影响他人并得到他人的反馈；我们可以立即把所学的东西运用到生活中，这也是一种输出；我们还可以开付费社群、开发课程、写书等。自从我成为一个全职的读书博主，并把读书发展成一份事业后，读书习惯简直像焊在我身上一样。

4. 赏罚分明

我们可以设置读书奖赏，如读完100本书奖励自己出国旅游一次，写完50篇读书文章给自己买一直想要的iPad等。惩罚方式要带来真正的损失感，我们需要引入公开的监督。我给自己规定2020年要写完100篇读书文章并公开发表在公众号上，让所有粉丝监督我，否则就罚款1万元。那一年我真的做到了，而以前我每年只能写四十几篇读书文章。

目标分为进取型目标和防御型目标。进取型目标指向尝试获得更多，防御型目标指向竭力避免损失，这是两种截然不同的思考方式，两者关注的焦点完全不一样。关注焦点的不同会影响目标实现的全过程。心理学家发现，当我们努力实现一个进取型目标时，我们持有的动力就像一种渴望，这种渴望会因为取得进展、受到鼓励、获得收益等正面反馈而进一步加强，我们越可能成功，就越有动力。但是如果我们的进展不顺利，觉得自己可能会失败时，这种渴望会被削弱，我们会丧失动力，会特别容易放弃。当我们追求一个防御型目标时，我们持有的动力更像一种警觉和避开危险的愿望，所以会出现一个神奇的现象，我们的进展越不顺利，得到的反馈越负面，我们的警觉程度越高，动力越足，因为没有什么比察觉到失败和危险的可能性更能让人进入戒备状态了。

“一年写 100 篇读书文章”对我来说是一个非常有挑战的目标，如果我没有把它设定为防御型目标，我在进展不顺利的时候，大概率就放弃了。这就是惩罚的妙处，它把我们代入另一种思考方式中。

四、别相信“21 天习惯养成论”

在习惯这个领域，有一个流传很广并且被很多人信服的说法：养成一个习惯，只需要 21 天。可实际上这个说法并没有确切、可靠的出处。《逆商：我们该如何应对坏事件》的作者保罗・史托兹（Paul Stoltz）向加州大学洛杉矶分校医学中心神经生理学科的负责人马克・努维尔（Mark Nuwer）请教，对方没有说任何复杂的理论，只问他：

“你学了多久才知道不要去碰热炉子？”

“大概一秒钟。”保罗回答。

“其实，是 100 毫秒。”

这就很能说明问题了，“21 天习惯养成论”是错的，我们其实用常识稍微判断一下就知道了，有些习惯的养成根本用不了 21 天，如不用湿的手摸电插座。不同习惯的养成难度是不一样的，是每天吃一个鸡蛋难，还是每天写一篇3000字的文章难？不同的人想要养成同样的习惯的难度也是不一样的，因为很多时候所谓习惯养成其实是一种能力培养。一个写作十几年的人，和一个刚开始学写作的人相比，养成每天写日记的习惯的难度显然是不一样的。习惯的养成，和动机的强弱也有很大的关系。一个面临死亡威胁的人，和一个身体健康的人相比，养成不抽烟的习惯的难度也是不一样的。“21天习惯养成论”显然是谎言。我们为什么要这么较真呢？

第一，因为“21天习惯养成论”是一个欺骗性的承诺，如果我们相信只要坚持21天就可以养成一个习惯，一旦21天后我们没有成功养成某个习惯，我们是毫不介意地继续努力，还是感到沮丧、倾向于自我怀疑和自我放弃呢？当然是后者。我们不仅会对自己失去信心，还会对习惯养成这件事失去信心。这种把习惯养成简单化的承诺，导致我们对习惯养成过程中的瓶颈和困难缺乏全局性的预判，反而降低了习惯养成的成功率。

第二，“21天习惯养成论”把习惯培养变成了目标达成。如果我们被告知只要坚持21天就可以，21天后就可以不用费力了，我们会怎么样？答案是会松懈，失去原动力。就像有人给自己设置了“3个月瘦5千克”的目标，然后通过各种方法拼命努力，可是在减掉5千克体重的那个瞬间，动机就消失了，自己开始松懈，体重会逐渐反弹。

习惯培养和目标达成不是一个概念，如果我们只盯着目标，一旦达成了目标，就会失去那种咬牙坚持的动力，这反而不利于习惯养成。持续稳定地行动，形成自然的节奏，才是习惯；鼓足劲咬牙坚持 21 天，是目标达成而不是习惯培养。

那该怎么办呢？我们不要去看坚持了多少天，而要去观察习惯养成的标志。《微习惯：简单到不可能失败的自我管理法则》这本书总结了五个代表行为已经变成习惯的标志。

第一，没有抵触情绪。我们做这件事很容易，不做反而更难受。我们有一种“一直要做下去”的强烈倾向，养成读书习惯后，我们反而会因为某一天没有读书而感到非常不舒服。

第二，有身份认同。我们可以信心十足地说自己经常读书。

第三，行动时无需决策。我们不需要决定今天读不读书，也不需要找理由和动力来说服自己去读书，就只是很自然地去做。

第四，不再担心。刚开始时，我们也许会担心放弃，当行为变成习惯后，我们知道自己会一直做这件事，除非出现紧急状况。

第五，常态化。习惯是非情绪化的。一旦某个行为变成习惯，我们不会因为“真的在做这件事”而激动不已，反而心态很平静。

如果坚持不下去该怎么办呢？我们要对习惯养成过程中的瓶颈和困难，有一个全局性的预判，并针对性地解决问题。古川武士在《如何戒掉坏习惯》中把养成习惯分为禁欲期、动力缺乏期、平稳期和倦怠期四个阶段，每个阶段都会有一个捣乱的“小魔鬼”，但是我们可以预判困难，并给出针对性的解决方法。

禁欲期的“小魔鬼”是欲望。所以我们要避免高诱惑的环境，在阅读时把手机关机或放到眼睛看不到的地方，设置一个微习惯的下限，如每天至少读 1 页书或读 2 分钟的书。

动力缺乏期的“小魔鬼”是缺乏动力。当我们想停止或放弃的时候，就自问自答：养成阅读习惯到底有什么意义？动力缺乏期有几个动力开关：收集激发动力的读书格言；描述愿景，如我能建立知识体系并成为一个非常专业的人；引入奖励和惩罚；进行复盘与反思；加入读书社群；公开宣布行动或目标，让他人监督自己。

平稳期的“小魔鬼”是以为自己已经养成了习惯，然后放松警惕。只要没有发展到不读书就像不刷牙那么不舒服的地步，我们就不算成功养成阅读习惯。在平稳期，我们可以提高要求，增加挑战，如每天至少读 10 页书（在禁欲期，每天至少读 1 页书）。

倦怠期的“小魔鬼”是因为不断重复同样的事情而产生原地踏步的感觉。这种感觉一般在半年或一年后出现，因为人都有寻求变化和刺激的需要。这时我们该怎么办呢？答案是引入变化和刺激。例如，我们可以读一些不熟悉的作家或领域的书。

那么从禁欲期到倦怠期需要多久呢？我从瑞·达利欧（Ray Dalio）的《原则》里看到的数据是 18 个月，即一年半，这个数据对我来说比较有说服力，如果我们坚持 18 个月，就会产生一种把一件事永远做下去的冲动。

除此之外，我还要提醒大家两件事。第一，最好一次只养成一个习惯。如果大家正在培养读书习惯，就不要在健身、写作和学英语等其他习惯上花费精力了。养成一个习惯，起初是一件非常消耗意志力的事，如果大家的负荷太重，反而什么都做不好。第二，不要陷入“全无或全有”的怪圈。如果大家没有坚持下去，不要轻易认定为失败，而应该去复盘，如调整过高的目标。而且习惯养成的关键并不在于天数，而在于重复的次数，我们的每一次重复都不会白费，每一次重复都会体现在我们的神经通路里，就算我们这次中断了，之前的努力并没有清零，我们的这波努力会让下波努力更容易成功。

后记

写完这本书后，我的心情是复杂的，这是我一直想写的一本书。很多年前我就确定，终有一天我要写一本关于阅读的书，当它终于完成时，我有一种完成了一件人生大事的如释重负感。在写这本书的过程中，我努力拿出自己的最高水平，所以写完后还有一种把自己热爱和擅长的事做到极致的痛快淋漓的感觉。

同时我也有点焦虑，我知道这本书一定会有很多不足之处，我甚至想，等我认知更成熟一点，再写这本书会不会更好呢？我在看梁漱溟的《印度哲学概论》时，看到他在序言里说“于前稿已有悔”“十年则于所作知悔者益多”，我特别有共鸣。无论是像他那样的大学者，还是我这样的普通作者，认知都是动态变化的，现在的认知可能是临时的，它会不断被修正，甚至被颠覆，出版图书就意味着把对某个主题的认知印成文字固定下来，这些内容在相当长的一段时间都无法被修改，这总让我觉得自己还没有完全准备好。

所以我在后记里最想感谢的人，是从我的读书训练营毕业的10期学员，谢谢你们信任我，愿意和我学习，谢谢你们让我看到这套方法在你们身上所起的作用，谢谢你们用自己的积极改变让我肯定了自己的价值，我终于有勇气写这本书，并真正相信我对阅读方法的探索成果是被很多人需要的，是真的能帮助很多人的。我还特别感谢这本书的策划编辑，如果不是你推我一把，我也许又会拖延很多年。感谢人民邮电出版社及所有参与出版这本书的工作人员，谢谢你们让这套阅读方法论的传播超出我个人微小的影响力的范围去帮助到更多的人。感谢所有给予我养分的书籍，是它们铺了一条长长的路，把我送到这里。感谢我的家人，在我写书的这段时间给予我的所有支持。最后感谢翻开这本书的大家，如果我的书能给大家一些成长养分，让大家的阅读生活变得有些不一样，让大家对阅读的热爱多一些，对我来说就是人间至乐。另外，我还有几句临别赠言想送给读完这本书的大家。

第一，这本书属于实用类书籍，实用类书籍唯一正确的读法是行动，改变不会在书里发生，不会在脑海里发生，只会在行动里发生。如果大家觉得很有收获，一定不要止步于“觉得有收获”，请把学到的东西用起来，用新的方法（至少是优化过的读书流程和读书方法）来读书。如果大家学习新东西的获得感和兴奋感消退后，又回到老路子上，那就是无效学习。用新的方法、新的理念和新的工具，才会得到新结果，用旧的方法、旧的理念和旧的工具，只能得到老结果。

第二，知道不等于马上能做到，知道和做到之间，隔着很多次的刻意练习。七大能力几乎都是不能速成的，我无一不是花了好几年时间才进入佳境，我最多只能把大家送到“知道”，我的价值是让大家知道好的理念、方法、技巧和策略，以最短路径从“知道”走到“做到”。希望大家明白，“知道”只是起点，我们需要通过刻意练习慢慢接近“做到”那个状态。

第三，希望大家在困难和容易之间，选择困难。我非常喜欢纪伯伦的一首诗《我曾七次鄙视自己的灵魂》里的一句话：第三次，是在让它选择难易，而它选了易的时候。囫囵吞枣、蜻蜓点水地读书是容易的，做三种层次的读书笔记是困难的；思考时忽略脑海里零碎的想法是容易的，逼着自己理清思路和想法，追问成长、洞见和新知是困难的；只读自己喜欢的、简单的、舒适区以内的书是容易的，读挑战理解力的、陌生知识领域的、主题更深且更广的书是困难的；只输入、不输出是容易的，坚持言之有物的输出是困难的。希望大家坚持做困难而正确的事。

希望大家通过阅读变得越来越强大，通过阅读找到认真生活的勇气和力量，通过阅读获得面对人生和世界的清晰头脑，通过阅读不断遇见更好的自己或渐渐悦纳自己的本来面目，通过阅读疗愈自己内心的小孩。在人生的荒年，大家可以通过阅读积蓄力量，走出低谷；在人生的丰年，大家可以通过阅读学会更幸福的智慧和方法。书籍里有关于人生和世界的大多数答案，只要大家知道自己要什么，它们永远不会让我们失望。我希望大家都能因为阅读而变得勇敢、从容、平和和丰盛。

如果大家有任何问题，或有任何想告诉我的话，可以关注我的公众号“深夜书桌”，回复关键词“小墨微信号”添加我的个人微信，与我交流。感恩遇见！

读者寄语

非常期待能看到小墨老师的新书！我曾两次参加小墨老师主讲的“吸血鬼读书法训练营”，但依然渴望看到这套方法形成文字，因为它的干货太多，这样更便于细细咀嚼和回味！我曾以为自己爱读书，会读书，学完才发现自己之前读书是浅尝辄止、走马观花，收获了了，最多是享受当时。小墨老师用自己的实践告诉我们：读书不是只浏览一遍就算读完，而是要把经典吃干榨尽；读书不仅要了解书的体系，还要生发出自己的世界；我们不能为了读书而读书，而是要通过读书支撑起我们的人生大厦！

——春到人间“吸血鬼读书训练营”第 7 期学员

在没有接触吸血鬼读书法时，我的阅读别说高效和专注，根本是毫无章法，我不思考，不筛选，只是为了“读书”而读书，收获不大。小墨让我大开眼界，让我知道书原来是要这样

“读”的，我第一次真正知道怎么把一本书读厚和读薄，以及如何输出专属于自己的读书思考，这是我之前不敢想的。我之前阅读从来不做标记，就算有感悟也不会写下来，无法建立深度思考的习惯和能力，在了解了“要最大化吸收一本书的精华”的理念后，我的行动被激发了，我开始知道怎么找重点，怎么挖宝式读书，阅读质量有了根本性的改变。

吸血鬼读书法的体系真的很全面，如果把吸血鬼读书法称为一本武功秘籍，那么它真的是既有心法，又有招式，还能锻炼我们的输出。我真的太庆幸自己在几年前关注到小墨老师的“深夜书桌”公众号，进而了解到吸血鬼读书法并受益匪浅。课程已经结束一年了，但我目前正在重温课程，又有了不一样的感受。感恩小墨老师把自己的经验倾囊相授，书是对课程的全面升级，希望这本书可以帮助身边的人更好地阅读。

——岳银“吸血鬼读书法训练营”第 6 期学员

我从一篇书评开始认识小墨，发现她是一个“宝藏读书博主”，她的每一篇书评都真诚深邃，而且有一种神奇的魔力，反复听和反复看都会让人有新的收获。我特别好奇她是如何写出这么好的读书文章的，就毫不犹豫地报名学习了她的课程，成了首批学员。通过前两次的学习，我发现自己竟然不会看书，有点挫败感，自认为喜欢的事情怎么做得这么差？怎么才能像小墨一样写出那么优秀的书评呢？所以我铆足劲儿，继续学习，发现原来读书和写书评有这么多的门道，小墨通过七个能力的构建，把读书讲得很透彻，她真的是倾囊相授。课程已经结束两年多了，但是它的影响还在，我还想把课程重复学习几遍，希望通过学习和实践，有一天也可以像小墨一样写出非常优秀的书评。期待新书面世，我一定要买来好好研读。

——良陈美景“吸血鬼读书法训练营”第 1 期学员

我读书时总是读了后面，忘了前面，曾经误以为是自己记忆力下降的原因，非常沮丧，最后才知是读书方法出了问题。找到问题并对症下药后我的读书效率显著提高，对于书里的思想或者精华读一遍后也可领会主旨，这种成就感不亚于工作业绩提升所获得的成就感，我也因此完成了几个重要的专业的学习，这让我在事业上立足变得容易。小墨老师闭关许久，现在宣布了新书大事，恭喜恭喜，期待吸血鬼读书法能惠及更多读书人。

——庞红艳“吸血鬼读书法训练营”第 6 期学员

对于要不要学读书这件事一直是有误解的，特别像我这种学中文出身的人就觉得：读书还用教吗？2021 年学了小墨老师的读书课后，我才发现读书远没有自己想得那么简单，我们读书时很喜欢延用学生时代的思维，觉得一定要记住才算真正读了，但我们现在不需要背诵和考试，必须摆脱学生思维，读书应该更加现实地解决我们遇到的问题。那么如何让它更高效地、立竿见影地起到这个作用呢？小墨老师的课给了很全面和很落地的解答，也真的让我感受到：会读书，读 1 本顶 100 本，不会读书，就看看热闹罢了，长此以往，人和人的差距自然拉开了。

——大靖“吸血鬼读书法训练营”第 6 期学员

作为一个“资深书迷”（每年平均读 100 多本书），我原本以为我不需要特意再学习什么读书法了，但是真的学了小墨的吸血鬼读书法后，我才发现原来读书有这么多讲究。这套读书方法论，除了一些特别好用的技巧，如三种层次的读书笔记、速读方法等，还对动机层进行了深入的分析，如怎么维持读书的兴趣、怎么样养成日积月累的好习惯、怎么优化自己的动机等。总而言之，无论是阅读“小白”，还是已经读了很多书的人，跟着小墨换一个不同的视角重新思考读书这件看起来已经很熟悉的事情，都一定会有更多的收获与思考的。

——明雨“吸血鬼读书法训练营”第 2 期学员

小墨的万能读书笔记模版是我目前学到的最全面和实用的笔记方法，因为我之前读书一直是感慨良多却难以成篇，所以使用九个要素写出阅读文章的那天让我激动难忘。小墨的读书方法，不是在浅层面教你怎么写笔记，而是教你如何高质量思考。照着步骤做之后，我真的提高了独立思考的能力，尤其是解决了困扰自己很久的思考和表达逻辑不清的问题，我在做输出时，面对较难的书籍也不再像之前一样发怵和逃避了。小墨是一个极真诚、极温柔的女生，她对阅读的执着和对传播阅读理念的真诚让人感动，你能感受到她在尽她所学使你阅读必有收获的那种冲动，我很喜欢小墨，预祝新书大卖。

——小湛“吸血鬼读书训练营”第 5 期学员

以前我 1 个月都很难读完一本书，在阅读过程中会不自觉地默读、回退，还总抓不住重点，学完小墨老师的吸血鬼读书法后，我基本30分钟就可以读完一本实用类书籍，而且不是走马观花、囫囵吞枣，是快准狠地抓住重点，对书籍的理解也比之前更透彻。从训练营毕业后的一年多时间里，我读完了120本书，这套方法成了我阅读的利器，谢谢小墨老师把自己多年的阅读经验毫无保留地分享出来，期待书籍能与更多读者相遇！

——李配酝“吸血鬼读书法训练营”第6期学员

没学习吸血鬼读书法之前，我很喜欢读书，也读了很多书，但有一天我突然发现，对于读过的书，我在大脑里搜索不到一点痕迹，我给自己的解决方案是大量阅读讲读书方法的书，但是一顿猛读下来，不仅没解决问题，我反而更焦虑了。在这种情况下，我报名了小墨老师的“吸血鬼读书法训练营”，毫不夸张地说，第一节课就治愈了我的焦虑，我开始变得踏实起来，知道了不同的书有不同的读法，知道了获得知识的阅读和提升理解力的阅读是不同的，按照小墨老师的方法认真实践，现在的我养成了每天早起阅读的习惯，2023年过半，我已经读了56本书，而且再也不会在阅读中迷失，真正成了书籍的主人，让书籍一直为我的成长服务。如果你在阅读中遇到任何问题，我推荐你学习这套读书方法，它真的可以帮你把一本书的精华吃干抹净，让你在阅读中获得飞速的成长。

——阿窦“吸血鬼读书法训练营”第 6 期学员

曾经，我是一个读书只会画线、读过即忘的“普通读者”，直到遇见吸血鬼读书法，我才发现，原来自己一直以来的读书都只是在“看热闹”！学完吸血鬼读书法后，我最大的收获有两个：一个是万能读书笔记模板，它简单、实用、好操作，让我学会如何把书当成笔记本，做有效的笔记；另一个巨大的收获是学会如何思考。所有的阅读课都告诉你要独立思考，但只有吸血鬼读书法真正将读书思考的过程一步步拆解给你，让“思考”这种抽象的大脑活动变得有迹可循。掌握了清晰的思考路径，再配合万能读书笔记模板，我学会了如何吃透一本书，体验到阅读和思考的快乐。现在，我依然是一个“普通读者”，但我相信读过的每一本书、每一分收获都会成为自己成长路上的养分，细水长流、静待花开！

——路安“吸血鬼读书法训练营”第 1 期学员

作为一名课程设计师，我每天都在跟大量的书籍打交道，本以为自己的阅读效率已经很不错了，但是接触到小墨老师的读书方法后，我发现了太多之前没有意识到的地方，都还有很大的提升空间。而且当我沉下心，扎扎实实地把这套读书方法用起来时，我发现它不仅在“技法”层面给我提供了帮助，还在很多“心法”层面，以及底层逻辑上带给我启发。就像小墨老师说的，阅读应该是人生战略，值得作为长期能力来培养。我能够感受到，小墨老师把自己学到的、做到的都毫无保留地融合到了这套读书方法里。市面上教阅读的人不少，但在我接触到的人中，小墨老师真诚、用心和专业的程度，绝对是排在非常靠前的位置的。期待更多的伙伴，因为这套读书方法，收获更多新知，体会到读书的快乐。

——LeO“吸血鬼读书法训练营”第 2 期学员

我是一名文案工作者，职业转型后急需大量阅读进行知识储备，但是我的阅读有三大“顽疾”：第一是记不住、用不上；第二是无法深度思考；第三是知识零散不成体系。我从 2016 年开始关注小墨老师的公众号，仰慕她的阅读实力和写作才华至今，看到她开发了阅读课程后，我第一时间就报名了。通过学习课程，我的阅读顽疾被完美解决，作为一名资深的网课学习者，我学了很多网课，对比同等学费的课程，小墨老师的课程质量和真诚度在我心中排第一。期待老师的新书让更多的人爱上阅读，因阅读受益，因阅读改变。

——悠悠透明鱼“吸血鬼读书法训练营”第 6 期学员

我很喜欢小墨老师的这套读书方法，通过参加训练营，我受益良多。我一直从事销售工作，客户都是各行各业中的主管或领导，在工作过程中我需要快速了解各个行业的重点业务及核心内容。以前我都是靠自己过去的知识积累来应对，但有时候感觉不是那么得心应手。自从学了吸血鬼读书法，我去阅读一个陌生领域的书籍时会对自己充满信心，我知道了应该怎样入手，怎样抓出大概脉络，我能够有条理地输出自己的阅读感受及独特想法，这一点对我的工作开展非常有帮助，我也收到了显而易见的实际效果。我用自己的真实经历推荐大家看看小墨老师的新书，她真的会帮助你打开新的思路，获得新的想法，让你的阅读输出变得高效和流畅。

——杨娜“吸血鬼读书法训练营”第 10 期学员

我参加过不少读书训练营，小墨老师的读书方法和市面上很多读书社群所讲的方法不一样，她的独特性在于有自己的一个体系。三种层次的读书笔记尤其好用，大家照着做真的能把一本书吃干抹净，并最大程度吸收它的精华。

——Angela“吸血鬼读书法训练营”第 1 期学员